U0666688

和纪委书记聊聊天

默钧 ◎ 著

中国方正出版社

引 言

　　我曾在一个单位纪委书记的岗位任职，那段经历和见闻在我的人生当中打下了极深的烙印，即使离开了那个岗位多年，也好像就发生在昨天。我有多位同事兼朋友在不同的单位担任纪委书记，战斗在反腐败斗争的第一线。我们在工作中结识相交成为朋友，经常在一起探讨交流，分享各自的经历和见闻。

　　党的十八大以来，反腐败斗争的力度前所未有，取得的历史性成就举世瞩目。在这样一个时期担任纪委书记，亲身参与和亲眼见证伟大斗争实践中的具体工作，深切感悟其艰难过程和显著成效，这种人生历练是一笔宝贵的精神财富。

当我离开纪委书记岗位的时候，产生了一种把这些难得的经历和见闻记录成书的冲动。我把想法与一些当纪委书记的朋友交流时，他们都认为很有意义，也愿意提供一些相关的案例和支持，一起留下奋斗过的足迹，让更多的人了解和理解纪委工作。

我们在交流过程中，有朋友谈到，一些案例只在内部通报过，不便拿出来讲。我提出，可以把典型案例的基本事实概括出来，对具体情形和细节作模糊化处理，以"我"与一位纪委书记聊天对话的形式，把典型案例、工作情况、思考感悟汇集起来，寓事于理，编辑成书。这样虽然缺少了具体案情和细节的描述，但写出来的东西可能更加通俗、理性、易读。

大家都觉得这个主意比较好，聊天谈话的形式比较灵活，内容涉及面广，场景贴近生活，但这种聊天又不是一般的聊天，而是有主题有意义的聊天。书中记录的这些事例都是精心挑选出来的，所探讨的问题也是经常面对和遇到的，有一定的普遍性典型性。对于干部群众提出的一些诘问质疑也没有回避，提供了自己的平时思考之见。

真挚地希望，这册小书可以为党员干部、公职人员检身正己提供一份警示和镜鉴，为社会大众了解纪检监察工作提供一个窗口和视角，也可以为从事纪检监察工作的同志提供一些借鉴和参考。

目　录

第一章

公私、人情及烦恼

"一天，我突然接到一位老领导打招呼的电话，问我某干部是不是被留置了？情况怎么样？"纪委书记给我介绍说，他经常会遇到通过各种关系打招呼的情况。

"这位老领导已经退休多年，过去当过我的上级，对我培养关照有加，有知遇之恩。有人找到他给我打招呼。"纪委书记接着说。

"遇到这种情况，最好的办法就是坦诚相告，给他讲清楚当前全面从严治党的大形势和相关政策规定。现在制度机制上对金钱案、关系案、人情案防得严，查得也严。跑风漏气，以案谋私，最终会把自己陷进去。"

"按照纪委执纪监督工作相关规定，只要纪

检监察干部打听案情、过问案件、说情干预的，受托人必须进行登记备案并报告。情况严重的将作为问题线索调查，如果查证属实，会受到纪律处分。知情不报或不如实报告，一经发现也会受到处理。"

"我给老领导介绍了相关规定和一些最新的情况，告诉他，办案有一套独立闭环的运作系统，我虽然在纪委书记的位置上，但如果过问此事，人家按规定是要登记备案并报告的。我还善意地提醒老领导，这种事最好不要管，现在的形势与以前不一样了。"

"老领导非常通情达理，他虽然为人热情，但办事也是讲原则、讲分寸的。他怕我多想，还反过来安慰我说，违规的事不能干，了解点新形势新政策就够了。知道了这些，他可以给请托人有个解释。"

从纪委书记的口中我还了解到，以案谋私是一个很大的风险点。有的领导干部一被留置，马上就有人通过各种关系找上门，打招呼的，打探案情的，还有送钱行贿的，甚至谩骂威胁的。这些都是对纪检监察干部的现实考验。登记备案和报告制度的实行，为加强内部监督提供了一道"安全阀"，也为纪检监察干部推掉各种请托提供了一道有力的"盾牌"。

"有的时候我也为该不该送红包而纠结。"纪委书记讲这话让我感到有点意外。

他谈道:"有一次,我的家人得了一场大病,好不容易挂上某位专家的号,终于住上了医院,准备做一个大手术。"

"家人在医院和病友交流的时候,有意无意地讨论起送红包的事。病友从出院的病人那里打探到一些消息,得知手术前有送红包的'潜规则',而且连行情价码都说得绘声绘色。"

"家人和我商量,要不要给医生也送个红包?这样可以得到更尽心的关照,自己的心里也更踏实一些。既然大家都说送,不送好像不太好。"

"要是在平时，我是不会考虑送红包的事，这是原则性问题，也是长期养成的习惯。但这次却让我很犯难，因为家人送红包的想法很强烈，得的病又是事关生死的大病，对医生的期望很大，心理压力也很大。"

"我考虑再三，还是决定不送。我劝家人，医院和医生的名声，都是长期积累出来的。在当前狠抓正风肃纪的大背景下，医生收了红包，也许还会产生不安心理。相信不收红包，他同样会对病人尽心尽力，一视同仁，好医生都会有好医德。"

"家人尽管不太乐意，但也理解我的想法。后来手术非常顺利，家人放下了心理包袱，对医生由衷地敬佩和感激。经过一段时间调养，家人恢复了健康。"

对纪委书记谈的这件事，我也深受触动。长期以来，群众对医院"红包"现象意见很大。在高压严管之下，这种现象虽然大为减少，但在一些医院仍然不同程度地存在。医院是与群众利益关联最密切的地方之一。如果哪一天，大家都不再为送不送红包而纠结，就说明从正风肃纪中有了实实在在的获得感。

"出差期间利用双休日自费在当地景点旅游，算不算违纪？"我观察到，大家对这个问题的议论比较多，分歧也比较大，于是向纪委书记请教。

他解释道："这个问题是在纪检监察工作实践中经常会遇到的问题，也是党员干部、公职人员经常会遇到的普遍性问题，由于涉及大家的具体利益，如果把握不准，很容易引发意见和误解。"

"判断是否违纪，最关键的是要厘清公和私的界限，区分不同的情况，具体问题具体分析。"

"首先要看有没有以公谋私的情况。有的同

志借出差为名趁机旅游的动机很明显，采取打提前量或者延迟返回的办法搭车自费旅游。比如，故意把公务行程安排在周五，以便周六、周日自费旅游。这种行为表面上看没有影响公务而且没有使用公款，实际上还是利用公务出差之便谋得自己旅游之私。如果有证据表明是以公谋私，且有意为之，则构成违纪。"

"第二要看有没有因私损公的情况。有的同志通过压缩或者改变公务行程来达到旅游的目的，尽管是自费旅游，没有花公家的钱，但是却影响了公务活动的正常开展。这显然构成违纪，也比较容易辨别。"

"第三要看有没有公报私费的情况。有的同志虽然没有报销景区门票等游玩费用，但是却报销了旅游这段时间的伙食、住宿、出差补助等费用，这显然也构成违纪。"

"当然，公务出差期间，在没有影响正常公务的情况下，利用个人休息时间，经领导同意，自行前往、自费参观一下当地的旅游景点，没有产生什么不良影响，这种情况不应视作违纪行为。"

从纪委书记的介绍中，我了解到，公私容易混淆的地带最容易出现说不清、道不明的灰色地带，而违纪往往是从公私不分开始的。面对公和私的考验，任何时候都应该慎之又慎，保持清醒。

"我们查到一个领导干部私车公养问题，对他进行了严肃处理。"纪委书记给我谈起他们一次不打招呼检查的过程。

他说："那天，我带着检查组到一个下属单位检查公车管理情况。我们首先来到车场值班室，查看了派车审批单、出车记录，发现有两辆车随单位领导在双休日外出，问询后属于正常公务。"

"我们又向车场管理人员问询了加油卡使用情况，查看了加油登记，发现加油卡少了一张，他们说放在秘书办公室。检查人员追踪到秘书办公室，得知加油卡原来在一个领导那里。当问到那个领导，给出的解释是忘还了。"

"检查人员进一步调查了加油卡的使用情况，发现加油次数和数量明显多于正常情况。他们又到加油站现场调查，发现这张加油卡多次用于领导的私车加油。检查人员要求领导写出说明，领导知道瞒不住，交代了违规使用加油卡的事实。后来，这个领导受到党纪处分和撤职处分。"

从纪委书记的介绍中，我大致了解到他们是如何对公车管理情况进行检查的，也深感这样不打招呼、追根问底的检查很有必要，可以真正发现一些问题。他们查出的私车公养问题，可能属于个别现象，但性质比较恶劣，说明在正风肃纪强力推进的背景下，公车私用情况虽然明显减少，但有的人损公肥私、假公济私的习性还改不了，必须在深挖"病灶"、治理"病根"上持续用力，久久为功。

"现在明目张胆的公车私用、公款旅游看不见了，但是打'擦边球'、借机占公家便宜的情况还不时出现。"纪委书记对我说。

他介绍道："比如车的方面，现在许多单位建起了专门用于公家电动车的充电桩，有的人就把私家车开过去充电；有的人甚至直接找好公家的电源插口，利用夜晚或节假日没人的时机，给自己的私家车充电。许多单位采取一车一卡的方式给公车加油，有的人就想出'连枪'加油的办法，让私家车跟在公车后面，用同一油枪为私家车'免费'加油。"

"再比如旅游方面，一些单位组织干部去红

色景点参观见学，在安排学习教育的同时也安排了旅游。我们发现有的人去旅游热点城市出差，经常专门安排在周四或周五，方便周末进行自由活动，他们利用双休日自己掏钱参观当地的旅游景点。外出招商引资，考察一下当地的人文环境，似乎也很正常。"

"当然，明显的变相违规问题是好处理的。前段时间我们刚处理了一个下属单位组织变相旅游的问题。他们把业务培训委托给一个地方的培训机构，日程安排、经费报销都看不出问题。实际上，他们真正安排业务培训的时间很少，大部分时间都安排了旅游。只要把弄虚作假的事实查实，违规违纪的认定就好办了，处理起来也就容易多了。"

听了纪委书记的介绍，我很有感慨。公车私用、公款旅游表面上制止住了，但是打"擦边球"、趁机揩公家油等变相违规行为仍然顽固地存在。这样的事看似不大，但也反映出不正之风十分顽强，要彻底刹住，需要坚持不懈抓好正风肃纪，否则就会积小成大、积重难返。

"在许多腐败案例中，老婆参与其中的比较多，儿女参与的也不少。家风败坏，害的是最亲的家人。"纪委书记对我介绍道。

他说："某领导干部的儿子在一个事业单位工作，他父亲因贪污受贿被判刑，他也因协助父亲受贿被抓。有人为了升官给他和他父亲送了几十万元，他父亲接受调查后此事暴露出来，把他牵连进去。"

"他在忏悔录中写道，从小父亲就告诉他，中国是人情社会，学会拉关系、交朋友才能获得更多资源，在社会上更好地立足。在他成长过程中，他目睹了父亲如何捞得好处。等他长大了，父亲经常带他参加各种宴请活动，让他见世面、长见识。父子俩还经常在家喝酒，锻炼酒量。"

"在这样的家教下，他把收礼、送礼当成人际交往中的家常便饭，把拿钱办事当成理所应当，把老实人吃亏当成至理名言。他认为各种制度规矩背后还有'潜规则'在起作用。殊不知，这些错误的观念已经给他的人生悲剧埋下了伏笔。"

"他的父亲在忏悔录中更是懊悔不已，说是本来想把自认为'成功'的经验传授给儿子，让儿子'少走一些弯路'。没想到教给儿子的却是歪门邪道。正是在他的纵容默许下，儿子参与到权钱交易之中，在错误的道路上越走越远。他感叹自己到了监狱才明白什么是走正道，觉得这一生最对不起的就是自己的儿子。"

纪委书记讲的案例不是个别现象，我看到新闻曝光的有些"大老虎"，他们的家人参与腐败的程度都是很深的。家风是一种无形的影响力，腐败分子想要带着家人一荣俱荣，但最后的结局往往是一损俱损。

"单位一个副职领导来咨询我，他儿子结婚办婚礼，怎样办才能既隆重又不违规？"纪委书记给我谈起党员干部有关操办婚礼的规定。

他说："现在对党员干部，特别是对领导干部操办婚礼等各种庆典宴请活动，都有明确规定。具体到提前多少天报备，限定多少人参加，什么样的人可以参加，什么样的人不可以参加，什么样的礼金能收，什么样的礼金不能收，对此都有要求。如果考虑不到，稍不留意，很容易违规。"

"我们单位有一个部门领导的孩子结婚，虽然提前向纪委作过报备，但他以为这就是走个形式，差不多就行了，没有人会对执行规定太过较真，所以在婚礼的当天多安排了几桌。没想到这件事被人反映到纪委，一查录像，情况属实。这个部门领导受到党内警告处分。"

"向我咨询问题的单位副职领导本来不想大操大办，但女方家对党员干部操办婚礼的相关规定不太了解，希望婚礼能够隆重一些。他想作些解释，又担心女方家误会，所以内心很矛盾，希望我帮他出出主意。"

"我给他的建议是，婚礼首先不能违反规定，况且大吃大喝那一套也显得太俗套，做父母的既要尽心也应充分尊重儿女的意愿，可以放手让年轻人去筹划。他们有办法把婚礼办得既简单新颖又隆重大气，营造出一个喜庆浪漫的氛围。"

"后来，他儿子的婚礼在海边一个环境优雅的饭店露台上，举办了一个自助餐婚宴，花钱不多，气氛热烈，效果非常不错。"

纪委书记讲的关于党员干部举办婚礼的规定，确立了一个移风易俗的鲜明导向。过去那种大操大办的陈规陋习早已不合时宜。作为党员干部应该带头转变观念，摒弃陈规陋习，引领新的时代风尚。

"一位领导干部骑自行车送女儿出嫁，在单位引起了不小的震动。"纪委书记讲到这位领导干部时充满了敬佩。

他说："我们虽然生活在一个世俗社会，但确实有些人的思想观念摆脱了世俗眼光的束缚，到了超凡脱俗的境界。"

"这位领导干部曾在国外留学，是某领域的顶尖专家，走上领导岗位后始终保持着淡泊独立的风骨。他的心思和精力都用在工作和研究上，不参加各种应酬，出差不带秘书，上下班骑自行车，从不把自己当成一个官。"

"他的夫人也是高级知识分子，两人的工资水平不低，主要开支用来买书，家里堆的全是书。他们家显得很破旧，舍不得换家具，却拿出一定的收入资助失学儿童。"

"他们的女儿培养得同样清新脱俗，名牌大学研究生毕业后，有公司看中她父亲的背景想以高薪聘请入职，可她却选择当了一名普通的中学老师。她找的老公，是她高中的同学，也出生在知识分子家庭。"

"这位领导干部经常对年轻同志回顾当年的青春岁月，那时候年轻人结婚注重的是情投意合，没有那么多讲究，领了结婚证就搬在一起住，请同志们一起吃个喜糖就算结婚了。虽然简单，但日子过得很幸福，回想起来也很浪漫。他感叹，时代变了，人们的观念变了，追求也变了。"

听了纪委书记的介绍，我深有感触，现在结婚动不动要多少彩礼，花多少钱，买房买车，这种世俗的陷阱害人不浅。追求别人眼中的幸福，难道自己真的就能幸福吗？

"同志之间的称呼是有规矩的，可以反映一个单位风气的好坏。"纪委书记说这话时，讲起他到任时遇到的一个状况。

他说："我上任当天，纪委几位部门负责人参加见面会之后找到我，资历最老的同志称我为'老大'，提出晚上一起到外面吃个饭，让兄弟们接个风。"

"听到这话，我马上予以纠正，强调以后同事之间称呼'同志'，对外工作交往时可称'职务'，纪委是党的政治机关，同事相处绝不能有江湖气。我和同事一起外出吃喝也不妥，会给纪委带来不好的影响，在单位食堂吃工作餐时聊聊就行了。这以后，再也没有出现这种情况，在同事之间我们互称'同志'，时间长了就变习惯了。"

"中央早就明确要求党内一律称同志，倡导清清爽爽的同志关系、规规矩矩的上下级关系。老板、老总、老大，这样的称呼是不守规矩的表现。现在党内政治生活随意化庸俗化的现象还比较普遍，反映在称呼上就是江湖气息重。同志之间如何称呼，看起来是件小事，很多同志并不在意，它实际上体现的是党的政治要求。只有从这样的一件件小事抓起，让党内政治生活严肃起来、认真起来，才能形成纯正干净的政治生态。"

我原本对同事之间如何称呼不太在意，听了纪委书记的介绍，也意识到党内互称同志并非小事，而是政治规矩，每位党员干部都应该从自身做起，习惯成自然。大家一言一行讲规矩，就会带来全党风气的改变和提升。

"'官不聊生'是老百姓之福。"纪委书记作出如此评论。

他对我谈道："随着正风肃纪、反腐肃贪深入推进，老百姓拍手称快的同时，也出现了一些'官不聊生'的牢骚。"

"有的同志感到，公款吃喝禁止了，灰色收入没有了，福利补助减少了，公车私用不行了；而另一方面，纪律约束越来越严，压力传导越来越大，所以为官不易，当官没什么意思了。这种牢骚的背后实际上是过去习非成是的一种思想惯性，把过去不正常的当作常态，正常的反而当作不正常。"

"所谓'官不聊生'，失去的只是本不应有的特权和享受，回归的却是当官应有的样子。"

对纪委书记的评论，我深有同感，我也听有的领导干部说，现在日子难过了，当官没有"官"的感觉了。这恰恰说明，干部本就是人民的公仆，从严管理监督干部，干部的日子不好过，老百姓的日子才会更好过。

"对待公与私的态度是衡量党员干部思想境界的根本标准。每一名党员干部都应该对照一下，看看自己处在哪个境界，找到差距和努力方向。"纪委书记给我谈起他对共产党人思想境界的一些思考。

他说："最高境界是大公无私。我将无我，不负人民，乐于牺牲奉献，真正做到全心全意为人民服务。达到这个境界的是最先进最优秀的分子，为所有的共产党人树立了光辉的榜样。"

"第二等境界是公而忘私。一心为公，竭力为民，不考虑个人得失。处在这个境界的党员干部，是各条战线上的典型，是共产党人学习的楷模。"

"第三等境界是先公后私。以公事为重，以私事为轻，克己奉公，先忧后乐。处在这个境界的党员干部，堪当共产党人的中坚力量。"

"第四等境界是公私分明。这也是基本境界，公是公、私是私，恪守本分、不越底线。大多数党员干部处在这个境界，他们构成了共产党人先进性的基调和深厚的群众基础。"

"再往下的境界就是公私不分，损公肥私，假公济私。这个境界不是共产党人的境界，而是腐化堕落者的境界。坠入到这个境界的少数党员干部，已经丧失了党员的先进性，他们是党要清理的腐败分子，不能视作真正的共产党人。"

"对于党员干部来说，公、私二字是检验党性强弱的标尺。划清公与私的界限、正确处理公与私的关系，是党员干部加强党性修养、提高思想境界的基本功和终身课题。"

纪委书记谈的公与私，实际上是每名党员干部都应该思考的问题。在公与私的问题上摆不正位置，各种以权谋私的行为就在所难免。只有一心为公，凡事出于公心，才能树立正确的是非观、义利观、权力观、事业观，做到权为民所用、情为民所系、利为民所谋。

第二章

时刻绷紧
遵规守纪这根弦

"一个干部因为从境外带回有政治性问题的书籍受到党纪处分。"纪委书记讲到政治纪律的严肃性不容忽视。

他说："一个周末，我带着纪委的一个明察暗访组检查下属单位的值班室，没想到看见值班的干部正在读一本境外的图书。经询问，这是一本所谓党史探秘之类的书，是他出国时在机场购买带回来的。"

"当告诉他从国外私自带回有政治性问题的书籍属于违反政治纪律的行为，他解释说，这怎么能算违纪呢，不过就是买了本书，了解一些党史秘闻。"

"工作组人员把党纪条文拿给他看，告诉

他，所谓的党史探秘实际上是歪曲党的历史。把这样的书籍带回国，是党纪不允许的。"

"明察暗访组把这个干部的违纪情况通报给了他所在的党组织，不久后他受到了党内警告处分。"

"党章明确了六项纪律，排在首位的是政治纪律。作为党员，首先就要绷紧政治纪律这根弦。2023年新修订的《中国共产党纪律处分条例》，还专门增写了对私自阅看、浏览、收听有严重政治问题资料、情节严重行为的处分规定。平时的党纪教育，对这方面的要求强调得很多，作为党员不应该只是听听而已，还必须自觉遵守。"

纪委书记的介绍让我感到，纪委不仅抓贪腐，对政治纪律抓得更紧。一些党员存在政治意识淡漠的问题。只有维护政治纪律的严肃性，才能更好地维护党的形象，维护党的领导权威。

"党员干部搞团团伙伙、利益集团严重违反政治规矩，是败坏党风的一大毒瘤，也是破坏党纪的一大毒源。"纪委书记深恶痛绝地对我说。

他谈道："我到一个下属单位调研，听到有人反映，每到干部考评时，老家是某个地方的人总是排在前头，每次提拔的干部那个地方的人占比最多，在人事、财务、招标采购等关键岗位也都有那个地方的人。更为重要的是，单位'一把手'就是同一个地方的。"

"以前听说过这个单位'一把手'老乡观念很重，这本来是正常情感，可一旦以'老乡观念'为纽带，建立起利益共享的小圈子、小团伙，就很不正常了。"

"单位'一把手'本身就在干部选拔任用上有权重很大的提名权、推荐权和主导权，小圈子、小团伙的成员再私下协调好利益关系，利用各自的权力优势，在民主测评、个别谈话、征求意见等推荐环节，集中力量推出特定人选。"

"如此上下呼应，既达到了目的，又看似符合规定和程序的要求。别人尽管看出不正常，但干部的选拔推荐是严格按规定来的，是严格按程序走出来的，别人说不出什么，就算查也很难查出什么问题。"

"从这些年高压反腐情况看，搞团团伙伙的危害是巨大的。他们拉帮结派、结党营私，培植私人势力，形成利益链条，这比起一般贪腐，性质和程度更为严重，对党的集中统一领导和党纪国法的权威具有很强的破坏力。"

"尽管干部反映的情况还需要深入调查和核实，但这种现象本身就值得高度重视。我们将情况向党委作出汇报，不久后，按干部交流任职相关规定，那个单位'一把手'被调整到其他单位任职。"

纪委书记讲的团团伙伙现象，在一些地方、一些单位不同程度地存在。随着干部选拔任用制度的改革和完善，重实干重实绩的用人导向正不断压缩搞团团伙伙的空间。通过一体推进"三不腐"，必将从根本上铲除团团伙伙的生存土壤和条件。

"为什么一些看起来不该提拔的人却提了起来？事出反常必有妖，这个'妖'在哪里呢？"我问过纪委书记这个问题。

他回答说："明面上群众普遍感到不对劲的事情，一般背后有可能隐藏着受贿行贿这样的阴暗勾当。从暴露出的腐败案例分析，可以找出这样的'妖'。"

"最大的'妖'是搞小圈子。他们往往以个别位高权重的人为中心，以老乡、故交、同学、同事等特殊关系为纽带，搞团团伙伙，结党营私，把受贿行贿搞成常态化的人情往来，形成利益共同体。他们都是精于算计的人，善于利用明规则，常常提前布局，创造条件，把暗箱操作隐藏在表面合规之下。小圈子具有一定的地下组织功能，成伙作势，对党的领导权威破坏最大。"

"最常见的'妖'是权钱交易。少数领导干部深知权力的价值，把手中掌握的权力变现成金钱，干部选拔任用的主导权、话语权、推荐权、提名权都可以拿来交换，贿之以钱，予之以官。权钱交易把公权变成了商品，换取金钱和物质利益，严重违背党的宗旨，造成权力的腐败。"

"正是因为这些'妖'的存在，清爽纯净的空气变得乌烟瘴气，大家都认为应该正常的事情变成了事出反常。"

纪委书记讲的"妖"，视组织原则和制度规矩为儿戏，形成了劣币驱逐良币的"逆淘汰"。这些年强有力的正风肃纪反腐，上演了一场新时代的"除妖记"。"妖气"散去之时，便是海晏河清、朗朗乾坤。

"会买官卖官的是腐败分子中的'高手'，买官一本万利，卖官空手套白狼，把官场变成了受贿行贿的生意场，是危害性破坏性最大的腐败。"纪委书记谈到买官卖官时深恶痛绝。

他说："由于买官卖官的隐蔽性掩饰性很强，难以查实证据，它的暴露往往都是其他事情牵出来的，或者是被其他腐败分子咬出来的。这种现象本身就值得关注。"

他讲到一个事例："曾经一个老领导，直到事发暴露才知道他是某高级领导干部小圈子里的。高级领导干部因贪腐被抓，不久后他也落马。他在年轻时一次偶然的机会认识了这个高级领导干部，拉上了老乡关系，还七拐八拐套上了亲戚。从那以后，只要逢年过节都要到高级领导干部家中上门拜访，送钱送礼。久而久之，这个高级领导干部把他当成自己的心腹，一路提拔。"

"这个老领导虽然投机，但能力很强，办事雷厉风行，说一不二。他刚任某单位'一把手'，就以整顿风气为名撤换了几个不称职的领导，推动重要岗位交流。大家都以为他工作有魄力，事发后才知道，他原来是借机寻租，收了不少钱。"

"他承认，只要有好位置空出来，就会有人主动去争取，有找人托请的，有送钱送礼的。但他也不是谁的钱都收，只有看着差不多、有可能推上去的人，他才敢放心地收钱。照他的话说，放到位置上也要能干事，否则别的领导和群众意见太大，他也不好办。"

"调查核实他的钱款，据他交代，大项支出

主要用于自己买官送钱，而存款的一半以上来自别人给他买官送的钱，买官卖官使他积累了巨额的资产。"

我与纪委书记交流，同样对买官卖官深恶痛绝。干工作、干事业，人是最关键的。选什么人、用什么人，是党风政风最重要的"风向标"。"打虎""拍蝇"是治标，只有和深化干部制度改革相结合，才能从源头上杜绝买官卖官问题的发生。

"一名技术干部由于在微信朋友圈对加强党的领导发表了一些不恰当言论，被查实后受到党内警告处分。"纪委书记告诉我，微信发言妄议妄评很容易出问题。

他说："这名技术干部对单位的科研项目计划在专家委员会审议后还要经过党委决策研究，感到不太理解，认为党领导一切会导致外行领导内行。"

"实际上，他把党委领导统筹全局、把关定向的决策权，与专家委员会当好参谋、服务党委决策的技术咨询建议权搞混淆了，对如何正确理解'党是领导一切的'有认识上的偏差。"

"他在微信朋友圈的那些言论又被人转发给

纪委一个同志，纪委马上启动了调查程序，发现他在微信朋友圈经常发表一些愤青式的不当言论，有的看法明显片面和错误。为了教育本人、警示他人，纪委对他作出党内警告处分的处理。"

纪委书记谈道："当前全面从严治党不断深入，对政治纪律抓得越来越严。网络空间属于公共场所，微信朋友圈也不例外，在网上毫无顾忌地乱讲话，特别是在政治上妄评妄议，是错误的。"

纪委书记讲的事对我也是一个提醒，微信朋友圈已不再是传统意义上只有家人和好友的朋友圈，而是具有信息放大功能的公共区域。作为党员干部在网络空间必须时刻注意自己的言论，弘扬正能量，抵制负能量。

"单位外请专家做的讲座报告如果出现政治问题，组织者是要受到处理的。"纪委书记给我介绍了讲台上的政治纪律。

他说："一次，单位团委为团员请来一个专家作报告，主题是'中国政党制度的独特政治优势'，可这个专家在讲台上讲着讲着就开始大谈西方多党制的好处，现场两名青年团员听着不舒服站起来对他进行了反驳，搞得那个专家很尴尬，草草收场走人。"

"单位的党委书记听到反映后非常生气，团委的讲座报告怎么能为宣扬西方多党制提供阵地，政治意识到哪去了？要求纪委严肃调查处理。"

"纪委进行了深入调查，了解到团委确定的讲座主题是没有问题的，事先看过专家的讲座提纲，也没有发现什么问题。但是这个专家在以往的讲座中，总是在兜售资产阶级自由化的言论，听众也提出过意见。这一点，团委在外请报告审查时了解不够，把关不严。当专家在讲台上发表自由化言论时，在现场的团委书记没有及时制止，事后也没有及时进行正面引导、消除不良影响，这说明政治敏锐性和政治头脑还有欠缺。"

"同时纪委认为，当时现场对专家进行反驳的两名青年团员值得肯定，他们表现出应有的政治觉悟政治意识，也说明平时各方面的教育是有效果的。"

"最后按照纪委的处理意见，对单位的团委书记给予党内警告处分并作了通报批评，把两名青年团员列为党员发展对象。"

纪委书记谈到的讲课讲座中不讲政治的现象时有发生。一些党员干部对此抱有无所谓的态度，实际上是政治意识淡薄和党性原则弱化的表现。讲政治是具体的、实在的，讲台上也要有规矩。对于讲台上不讲政治的现象，必须旗帜鲜明作斗争，违反政治纪律就要受到惩处。

"有人反映单位一个部门领导参加老乡会，在当地同乡中有一定影响。这可能违反组织纪律，必须高度重视。"纪委书记讲道。

他说："参加老乡会和老乡聚会，只有一字之差，但性质是截然不同的。按照规定，领导干部参加自发成立的老乡会、校友会、战友会等联谊组织，是违纪行为。但是参加正常的老乡聚会、校友聚会、战友聚会，不属于违纪。"

"纪委对这名领导干部进行了问询，他承认每年逢年过节的时候会参加几次老乡聚会，但不承认有老乡会，也从来没人提到过搞什么老乡会，老乡聚会也是几个资格老一点的同志轮流坐庄，谁坐庄谁招呼人，没有什么牵头人和组织者。"

"经过进一步核查，发现这名领导所说情况基本属实，没有证据表明他们成立了老乡会。但是单位有他多个老乡，经常随他一起参加聚会，容易造成团团伙伙之嫌。"

"为了让他绷紧组织纪律这根弦，我代表纪委对他进行了一次谈话提醒，强调了相关的规定要求，告诫他与老乡保持正常的同志关系，不能搞亲亲疏疏。他表示以后会多加注意，不会做违规的事。"

纪委书记介绍的这件事对我也有触动，作为党员干部参加社会交往是有纪律的。党员干部也有社会交往的需求，正常的联络感情、结交朋友、了解社会并无不妥，但掺杂着权力和利益交换的"交往"，党纪是不允许的。

"一个党支部书记不注重抓理论学习，纪委向党委建议免去他的党支部书记职务。这在单位历史上还是第一次，当时引起不小震动。"纪委书记给我聊起一件执纪问责的事情。

他说："虽然免职只算一种组织处理措施，与撤职这样的重处分相比，算不了什么，但是它的警示意义却很大，可以提醒大家一定要注重抓理论学习。"

"这个党支部书记同时也是我们某下属单位'一把手'，专业能力比较强。我们在检查时发现，他对党建方面的工作不关心也不上心，对理论学习不闻不问，对上级下发的重要文件，大多是画个圈传阅一下就锁到了柜子里。"

"我问他，近段时间按通知有几份重要文件要求传达到全体党员，有的还要求支委会集体学习讨论，为什么没有落实？他回答，工作太忙，没有时间安排，只好自学了。他认为，像他们这样的业务单位，平时工作繁忙，理论学习应该从实际出发，以自学为主。"

"我们检查按规定应该学习阅读的书目，他的书一看都是新的，几乎没有翻过的痕迹，问他一些最基本的党建常识问题，连印象性的话都答不出，学习笔记本上也基本上是与业务工作相关的内容。看得出，他对党建工作并不在意，相关知识比较欠缺。"

"对党支部来说，组织党员参加理论学习是基本任务之一；对党的干部来说，理论学习是重要的政治任务之一。如果对党的路线方针政策都不清楚，对党的各项要求都不知道，怎么可能从党的角度来思考谋划工作，抓好贯彻落实？怎么可能站在党的立场处理解决问题，把握正确方向?"

"纪委在研究处理意见时，有同志提出要给他一个处分。我感到，这个同志的专长本来就是专业技术，不适合当党支部书记，把他放在这个位置上，有点赶鸭子上架。还不如免去他的党支部书记职务，让他专心干业务，这样有利于单位建设，对他个人也不是什么坏事。"

纪委书记讲的这个事例，我感到是具有普遍性的。有的党员干部，人在党中却心中无党，对这种现象应该引起重视。加入党的组织，就说明愿意接受党的教育管理。如果只是人入了党、思想不入党，对党赋予的任务不尽职履责，这样的党员干部是不合格的。

"中央八项规定精神，这'精神'两个字大有深意，蕴含着推动全面从严治党的根本要求。"纪委书记谈到一次准备签批违纪通报，看见有"违反中央八项规定"的表述，告诉办件人员"精神"两个字不能简略掉。

他对我解释说："中央八项规定是专门针对中央政治局制定的，体现出全面从严治党从最高层开始，为全党作出表率示范的政治意志和坚定决心。中央八项规定的全称是《中共中央政治局关于改进工作作风、密切联系群众的八项规定》，主要包括改进调查研究、精简会议活动、精简文件简报、规范出访活动、改进警卫工作、改进新闻报道、严格文稿发表、厉行勤俭节约等内容。从这些看似具体的小事切入和破题，中央政治局带头认真执行，说到做到，言必行，行必果，以上率下，带来了党风政风根本性改变。"

"对于全党来说，以贯彻落实中央八项规定精神为引领，突出纠治'形式主义、官僚主义、享乐主义和奢靡之风'，通过强有力的反'四风'、改作风，党和政府的面貌焕然一新。这个过程中，各级纪检监察机关坚持严字当头，持之以恒正风肃纪，对顶风违纪问题露头就打，持续敲打震慑，查处了一大批违反中央八项规定精神的问题。具体到基层单位，贯彻落实的是中央八项规定精神，'精神'两个字不能少。"

"一些刚到纪检监察机关工作的年轻同志，只知道中央八项规定非常重要，对于贯彻落实中以上率下的带动和推动过程不是很了解，对于文字表述中加上'精神'两字的内涵也领悟不够。别看文字上的这些细微差别，有的也许是单纯的表述问题，但有的却包含着特殊而重要的意义，需要办件人员加强学习和领悟。"

"还需要强调的是，从制度规定适用来看，中央八项规定精神已经通过法定程序体现在《中华人民共和国公职人员政务处分法》等法律法规要求中，包括非中共党员在内的所有公职人员都必须一体遵守、严格落实，违反相关纪律和法律法规要求的，均可以认定为违反中央八项规定精神。"

纪委书记讲的这个表述，我平时也没有太在意，听他这么一说，想不到细微之处见"精神"，一个小小表述上的差异却有如此深刻的内涵。贯彻落实中央八项规定精神，对基层单位来说，只有深入把握其中所蕴含的精神内核，贯彻落实到全面从严治党的具体实践之中，才能不断积聚起向党中央对标对表的强大正能量。

"不要小看一张虚开的发票，它的背后往往隐藏一连串的问题，一查就涉及不少人。"纪委书记和我聊起他们处理一起审计移交问题的案例。

他说："我们单位某部门在一个酒店举办业务培训班，审计机构在审查账目时发现，一张标注会议场所租赁费的发票有零有整，且数额与正常标准费用出入很大，怀疑为虚列开支。"

"审计人员要求经办人写出说明。经办人主动交代说，培训期间，作为他上级的部门领导在酒店餐厅安排了两次私下的朋友聚餐，由他具体承办，因餐费不好入账，于是想到用会议场所租赁费的名目来报销。"

"审计机构只负责发现账目问题，而问题移交纪委后，按职责分工纪委就要查清和处理这背后所涉及的违纪违法问题。"

"首先要查处的是直接责任人，也就是部门领导和经办人。由于培训期间聚餐违反了中央八项规定精神，部门领导对此负有主要责任，受到留党察看处分和免职处理，同时责令他退缴全部聚餐费用。经办人虚开发票，知错犯错，本应给予重处分，但考虑到他是按领导指示办事，而且主动交代问题，有从轻情节，给予党内警告处分。"

"他们虚报发票并不是为了自己捞钱，否则就涉嫌贪污，数额到一定程度就是犯罪。"

"参加聚餐的有多个培训班成员，按培训班规定，是不允许参加私下聚餐活动的。这几名同志都接受了纪委的调查问询，事情查清后纪委对他们进行了谈话提醒。"

"对发票给予报销的财会人员，因为审核把

关不严，应该发现而没有发现发票上存在的问题，会计部门领导对其进行了批评教育。"

"酒店虚开发票涉嫌违法，纪委依规将问题线索又移交给了税务部门，酒店的相关人员也受到了调查和追责处理。"

纪委书记讲的一个看似简单的发票问题，想不到一牵就是一串问题。正风肃纪是全方位的立体战，只有持之以恒全面系统地抓下去，才能彻底净化弥漫在政治生态各处的雾霾。

"单位招聘的背后竟然藏着猫腻，别看是小打小闹的'微腐败'，但带来的社会危害却不小。"纪委书记聊起他们单位一名人事部门副主管受到处理的事。

他说："这个副主管直接负责招聘工作，对招聘的各项规章制度和流程运作非常熟悉，组织过的招聘给人的感觉是严密正规、公平公正，领导也很放心。"

"谁也没想到这名副主管出问题了。纪委收到从当地劳动保障监察部门移交过来的线索，说是某中介机构交代出与该副主管有合作关系，给他送过钱、提过成。"

"在劳动保障监察部门的配合下，纪委很快

查清了事实。原来，该副主管与中介机构负责人是同学，他们在交流中发现，人才招聘市场很火热，他们正好可以发挥各自的优势一起合作赚钱。一个提供客源，另一个利用特殊身份和内部信息提供应聘指导和咨询服务，由中介收钱后按一定比例提成。"

"副主管坦白，招聘有一套比较严密的规章制度，报名、笔试、面试、审核各个环节都有管控机制，违规操作的空间不大，难度和风险却很大。但是对一些有竞争力的应聘人员，提供一些往年的笔试题型，做一些面试指导，提供一些内部信息和有关建议，可以大大增加他们应聘成功的概率。在找工作这件大事上，许多人和家庭是愿意付出成本的。收钱是中介的事，他只是从中提取咨询服务费。"

"副主管也坦言，知道自己违反了制度规定，本来只想打个'擦边球'，赚点外快，没想到中介那边出事把自己带了出来。"

"后来，这名副主管受到降职和调离岗位的处分。因为出了这件事，许多人对该单位招聘的公平性提出质疑，给单位声誉造成严重不良影响。"

纪委书记说的这种"微腐败"，虽然听起来没有直接的贪污腐败那么严重，但因为发生在就业招聘这样的社会关注点上，往往更加令人气愤。"微腐败"和其他腐败本质上是一样的，都是以权谋私的行为，对"微腐败"同样需要下大力予以整治。

一个基层单位党支部书记因为会议记录造假受到处分。纪委书记对我说："有的党员干部政治上幼稚得像个小学生，如此低级的错误也会犯。"

他谈道："我带队到下属单位就党建工作调研，查看这个基层单位的支部记录本，发现组织生活会批评和自我批评的发言粗略一看每个人都讲了一大堆，似乎很认真的样子，可仔细一读，一段一段竟然都是文件上的话，显然是抄录上去的，稍不留意就被这样造假的记录蒙混过去了。"

"当我们问询会议记录员时，他解释说支部的组织生活会确实开了，但每个委员只是简单讲了几句，有的讲的还是别的事，没什么可记的东西。党支部书记强调，以后这个记录上面是要检查的，要多填些内容上去，看上去像那么回事。他不知道该怎么填，于是想到从一个文件找一些段落摘抄上去。他以为只要这个记录比较像，谁也不会看得那么仔细，没想到检查一较真就露馅了。"

"我们还发现，这个支部上报党委关于干部使用的一个请示上写着'经支部研究'，可查看支部记录却没有相关内容。通过问询，原来是几个领导商量了一下就定了，应该召开但没有召开支委会。有的支部委员理论学习记录，前后字迹、墨色都是一致的，一看就是后补的。"

和纪委书记交谈，我了解到，记录最重要的是真实，但是一些基层党支部记录不规范、不认真的问题比较普遍，有的还弄虚作假，用形式主义来掩盖自己的不实之风。对于这个问题，各单位还要高度重视起来。

　　"一名党员干部借钱不还，而且确实还不起，这种行为该不该受到处理？"纪委书记讲到一个十分特别的案例。

　　纪委书记介绍说："这名干部是名牌大学毕业，单位业务骨干，人非常聪明。他的老婆炒股赔光了家里的积蓄。他认为自己比老婆强，为了回本开始借钱炒股，没想又赔了进去。他越陷越深，欠了几百万元，还都还不起，父母与他断绝了关系，老婆也扔下他和女儿离家出走。"

　　"他的家中不断有债权人上门逼债，有人还把他告上了法院。他的工资按照法院的判决全部用于还债，生活陷入困境之中。他没办法的时候，不得不到处借钱，周围同事都借遍了，各种借钱的理由都用遍了。大家都知道他借钱不会还，有的同志多次向纪委反映，要求对他作出处理。"

"纪委在研究对他的处理意见时，大家都觉得应该给他处分，但找不到直接的纪律条文依据。他借钱属于正常的民事借贷，没有违法，也没有违纪。法院判他用工资还债，他也依法执行了。他欠钱不还，并不是不想还，而是因为他没钱可还。"

"可是，分析他的行为，借钱不还虽然没有违法，但他找各种理由借钱，实际上属于欺骗行为，违反了诚信原则。这都是党规党纪所不允许的，也与党员的形象所不符。综合考虑，纪委决定给予他党内严重警告处分并作出通报。"

纪委书记介绍的案例有一些特殊性，"撞了南墙回不了头"的人毕竟是极少数。处分也许对他个人已经无所谓了，身处困境的他眼中可能只有钱。但这个处分却有很强的警示作用，提醒他人，对钱的追求一旦失去理智的控制，很可能就会坠入无法自拔的泥潭。

> "他醒来后第一件事是打 110，坦白自己酒后开车的事实。"纪委书记讲到一个领导干部坦白从宽的事例。

他说："这个领导干部参加朋友聚会喝了些酒，感觉自己头脑还清醒，回家的路又可以走一条没有警察执勤的便道，于是就自己开车上路，没想到撞到一棵大树后晕了过去。"

"幸亏路人相助，打 120 电话把他送到了医院，之后又报了警。他的伤不是很重，很快醒了过来，当时在场的医生问到他喝酒的情况。他知道这事瞒不住了，为争取主动，给 110 打了电话，坦白了酒后开车的事实。不久后，警察赶到，他主动认错，积极配合警察问询。经酒精测试，他被认定为醉酒驾车，必须受到法律的惩处。"

"法院判决时，考虑他认罪态度好，有自首坦白情节，依法作出从轻处理，判处他拘役一个月，缓刑二个月并处罚金。之后，纪委依据相关规定对他作出开除党籍的处理。"

"纪委同志在讨论他的处理意见时，认为一般醉驾是要入刑的，正是因为他在警察赶到前有自首情节，使他免予实刑处罚。而没有被判实刑，又使他免予被单位开除。这可以说是坦白从宽的一个很好的例证。"

"但是，党纪处分就没有这么幸免了，按规定故意犯罪就要被开除党籍，他同时还违反了单位工作日不能喝酒的'禁酒令'，所以党纪作出顶格处理。"

从纪委书记的介绍中，我感到这个领导干部虽然在酒后开车这个问题上犯了糊涂，但事发后的处理头脑还是清醒的，正是因为主动坦白认错，争取从轻处理，避免了被单位开除的后果。

　　"教育警示永远是对大多数人管用，对少数人不管用。只有让纪律'长出牙齿'，触及切身利益，才能让违犯党纪的人真正感受到痛，同时也是对他人的警示。"纪委书记给我谈起执纪中的一点感受。

　　他说："《中国共产党纪律处分条例》明确了五种处分种类：警告、严重警告、撤销党内职务、留党察看、开除党籍。对于免予党纪处分的明确了三种处理方式：批评教育、责令检查、诫勉或者组织处理。所以，对违纪党员的处理共有八种方式，最轻的是批评教育，最重的是开除党籍。"

"在这八种方式中，批评教育和责令检查主要是从思想层面上予以警示帮助。诫勉或者组织处理则开始触及违纪党员的切身利益。按照组织人事部门的相关规定，受到诫勉的领导干部，取消当年年度考核、本任期考核评优和各类先进的资格，六个月内不得提拔或者重用。按照领导干部选拔任用的相关规定，组织处理主要指调离岗位、引咎辞职、责令辞职、免职、降职等方式。所以说，诫勉或者组织处理这一条，虽然按规定不算处分，可实际上是一种轻处分。"

"党纪明确的五种处分种类对违纪党员切身利益的触及程度是逐级加重的。诫勉的影响期只有半年；警告的影响期则是一年；严重警告的影响期是一年半；撤销党内职务和留党察看，落实起来就是党员干部不能再继续担任原有领导职务；开除党籍，则意味着党员干部的政治前途基本完结。"

"有一句话是触及利益比触及灵魂更难，对

此我在工作实践中深有感触。按照党委的指派，我每年都要对几十名同志进行诫勉谈话和处分谈话。一些同志表面上对组织作出的党纪处理态度诚恳，表态很好，可台面下对党纪的影响期却很在意，经常到纪委咨询了解情况，计算得很精细，生怕影响到个人的成长进步和切身利益。"

听了纪委书记的介绍，我也有同样感受。如果纪律严不起来，让越界违规者感受不到"痛"，就会成为摆设，成为"稻草人"。只有让纪律"长出牙齿"，把"红线"变为"带电的高压线"，一碰就要付出痛苦的代价，才能真正产生威慑力，切实维护纪律的严肃性。

第三章

形式主义、
官僚主义
半点要不得

"**台账化管理本来是科学有效的工作手段，可一旦过度便会成为形式主义、官僚主义的载体。**"纪委书记认为台账化管理用不好就会变味。

他讲了一个事例："我们单位一个副职领导，刚上任时急于按照自己的思路抓工作，每次收到上级的重要文件，都要求下属把文件要求分解为具体任务列出台账，明确责任人和工作时限，每月上报一次完成进度。"

"可上一个文件的台账刚做完不久，新的文件又到了，下属又忙着做新的台账，这样连续做了三四个台账，每个人累加的任务越来越多，需要安排的时间也越来越多。可干活的人就那么几个，时间也是有限的，任务量明显超出了负荷。大家明知道台账的工作安排不合理，但领导既然交代了，台账就要继续往下做。"

"第一本台账的任务，大家干得积极主动，认真负责。随着台账上的任务越来越多，大家知道超负荷加班加点也干不完，干脆就按部就班，能干多少干多少。这时候台账已经失去了本来的意义。"

"副职领导很快意识到这样下去难以继续，只好放弃凡是文件都列台账的做法，改为仅把重点工作和大项任务列入台账，及时掌握情况，监管进度，管理效果明显增强。"

对纪委书记的看法我也有同感，台账化管理本来是好东西，可是做过了头，就会流于形式，给基层增添负担，成为纸上谈兵的形式主义。再好的管理工具也要科学使用才能真正管用。

"数字游戏的背后实际上是形式主义、官僚主义在作祟。"纪委书记给我谈起他对一起数字造假事件的观察。

他说："我们单位所在地区有一个职业教育基地，一次组织四五百名学生军训，专门安排到附近乡村野外露营。不想当地诺如病毒流行，几十名学生受到感染。"

"诺如病毒感染就是我们通常所说的急性肠胃炎，症状以腹泻呕吐为主，一般两三天便能自愈。随队医生迅速安排治疗，指导防疫消杀，采取隔离措施，控制住了感染。"

"本来大家以为这件事就算过去了，可没想到单位往上级报送的军训简报因为讲到诺如病毒感染，受到某领导的高度关注。他作出指示，要求把学生的生命健康放在第一位，迅速调派工作组和医疗防疫组赶赴现场，指导和帮助职业教育基地管控疫情。"

"工作组和防疫组到现场后马上对所有人员进行了摸排，除了确诊的几十名学生之外，又把上百名学生作为疑似人员列入观察之列。可在上报情况之时，工作组把疑似病例改为排查发现涉及病例上百人。这样做或许可以凸显工作组指导有力的成效，但从'疑似病例'改'病例'，性质就不一样了。按相关规定，当病例数达到一定数量，疫情就升级为公共卫生事件。"

"上面的领导看到工作组的情况报告，一下子坐不住了，两天前职教基地报送的军训简报病例还是几十人，工作组一去就成了上百人，一方面可能是下面故意隐藏了疫情；另一方面也有可能疫情发展太快，病例迅速增加。于是领导决定要亲自带队调研了解情况，指导疫情管控，同时看望慰问学生。"

"在职教基地这边，几十名受感染的学生已恢复健康，解除了隔离；上百名疑似人员，也解除了观察，恢复了正常生活，学生的军训继续进行。在现场的工作组本以为任务完成，准备撤回。这时候，接到上级通知，领导要亲自带队过来调研疫情。工作组马上慌了，前两天上报的病例数还上百人，领导来了看不到病人怎么办？他们想出一个办法，重新安排学生进行隔离和观察，制造一种疫情还在进行的假象。"

纪委书记说到这事时，是一脸无奈，这件事也给他带来很多思考。职教基地在管理上确实存在问题，事实客观存在，应该予以整治。但工作组不能实事求是地反映问题，甚至还弄虚作假糊弄领导，而领导对此竟不察觉，恐怕是更大的问题。这说明形式主义、官僚主义在一些人的头脑中已经根深蒂固，彻底清除需要一场思想深处的革命。

"科研经费分配使用像撒胡椒面一样，谁都不得罪，这是典型的懒政怠政的官僚作风。"纪委书记讲到科研单位同样存在比较严重的官僚主义。

纪委书记说："我到科研单位调研，一些科研骨干特别是年轻同志反映，主管部门分配科研经费，首先考虑的不是科研，而是平衡关系。每年下达的经费安排，各个科室都会参照过去的比例分到一些，领导和几位权威学者申报的课题都会关照一些，上面下达的参考课题也会优先给一些。这样下来，一些科研人员好的想法和项目很难申请到经费支持。"

"有的科研人员对此很不适应，感到就算有

很强的科研能力，如果不懂关系、不懂圈子，也很难搞到项目、搞出成果。他们只能按照领导的安排，参加到别人的项目里跟着做一些研究，否则就会没有成果，将来评职称都困难。实际上一些项目已经过时和落伍，没有多少价值。"

"科研人员普遍认为科研主管部门没有负起应负的责任，每天的工作就是下通知、要报表、汇总报表、上报报表。虽然组织了一个专家评审委员会，但成员都是单位内部的人，都是不同领域的代理人，每到项目评审之时，争的是各自的利益，最终结果是相互妥协平衡出来的。至于项目质量高也好、差也好，主管部门都可以把责任归于专家。"

"如此评出来的项目基本上是谁有条件报什么就搞什么，那些知识结构陈旧的专家反而占了优势。资金跟着项目走，'撒胡椒面'式的经费分配模式，貌似公平，操作简单，利于和谐，但对于科研的创新发展，特别是产生重大突破性成果，是很大的阻碍。"

我问纪委书记："你当好你的纪委书记就行了，操什么科研的心？"

他回答："一个单位的纪委书记通常也是党委常委成员，对参与党委集体领导负有责任。而且反对官僚主义本身也在纪委的职责范围。发现科研经费分配中的官僚作风，当然有责任向党委反映并提出整改建议。"

我本以为，纪委应该主要抓科研经费的廉政安全，没想到他们对科研经费的投向流向和使用效益也非常关注，纪委的监督首先就包括对党组织和党的领导干部履行职责、行使权力情况的监督，日常监督只有结合渗透到各项工作之中才能有效发挥作用。

"纪委整治形式主义、官僚主义，不能在监督检查中只看重工作留痕。"纪委书记毫不讳言自身存在的问题。

他讲到一个事例："一次我们到一个单位检查，进到党委会议室，桌上整整齐齐摆放着各种材料，党委的、各支部的、各部门的，分门别类，格式统一。各项记录要什么有什么，旁边还有工作人员，随时能够作出解释说明。"

"检查人员感到这个单位对各项工作非常重视，态度认真，准备充分，首先印象分就好了许多。过程中，检查人员查到什么工作，都有相关的记录来印证，给人感觉工作很扎实。"

"可检查过后没几天，这个单位就出事了。

他们把一个贵重的设备放在一个破旧的仓库，因下大雨部分屋顶塌陷，砸坏了设备。这个仓库的安全隐患早就有人提醒过，领导考虑仓库将要报废，花钱补修不值得，同时抱有侥幸心理，感到一般情况下不会有什么问题，所以没有采取相应措施消除安全隐患。"

"纪委进行追责问责调查的时候，看到这个单位安全管理的各项工作痕迹都很完善，该学的文件都学了，该开的会都开了，领导讲话的要求也很严厉，制度措施制定了一大堆。但是，对仓库这个具体的安全隐患尽管有人提醒，但没有领导关注，也没有人研究拿出个什么防范问题发生的办法。他们看起来做了大量工作，却没有解决实际问题。"

纪委书记感慨地说："把过多的时间和精力用在留痕上，实际上是一种免责式、甩锅式的工作方式，对推动工作意义不大，出了问题却妄图能推卸责任。"

　　我对纪委书记讲的问题同样很有感触。以形式主义、官僚主义反对形式主义、官僚主义，实际上是假对假、空对空。无论是做工作，还是检查督导，本来应该是盯着问题、瞄着效果，可实际工作中却本末倒置，把大量的时间精力花费在过度留痕这样不必要的事情上，不仅劳民伤财，更会损害事业。反对形式主义、官僚主义必须把求真务实、真抓实干贯彻始终，真正把工作成效体现在解决问题、推动工作上。

　　"'有的形式主义、官僚主义是被逼出来的。'一名领导干部半开玩笑地说出这话，我还是有点吃惊。"纪委书记对我讲到有些领导干部的无奈。

　　他说："有的上级在检查工作时，对程序、步骤、过程这样的表面形式太过看重，却忽视了实际效果，这就容易助长形式主义和官僚主义之风。"

　　"我们在检查过程中有个很深的体会，上级制定的制度、部署的任务，一般都是从各个口下达的，那些硬性规定和要求，从各自的角度看都有道理，都是应该的，可是叠加在一起，汇集在落实层面，总的任务量有多少，需要安排多少时间？时间从哪来？累积起来的时间有多少？没人算这个总账。从实际情况看，已经大大超出了基层的承受能力，所以基层常常叫苦连天。"

"面对这种状况，在上面监督检查、追责问责的压力下，一些领导干部形成了免责式、套路式的工作方式。他们只重过程不重效果，把该有的动作都做到，把程序步骤都走到，把各项要求都讲到，照搬照抄讲一大堆没用但又没错的虚话、套话、废话，忙忙碌碌中许多都是无效劳动、低效劳动、重复劳动，大量的时间精力就这么消耗掉，消磨掉了。"

从纪委书记的无奈之中，我感受到了反对形式主义、官僚主义之难。必要的形式是效果的保证，但毕竟不是效果本身，不能只把形式作为评价工作效果的主要指标。重形式轻实效的工作导向，是滋长形式主义、官僚主义的一大根源。考察评价工作，只有真正从实际效果出发，坚持问题导向、效果导向，才是纠治形式主义、官僚主义的根本之道。

"我专门写过建议，提出以时间效能为工作导向来整治形式主义、官僚主义。"纪委书记给我谈起他的一些思考。

他说："这些年反'四风'，我们纪委明显感觉到，形式主义、官僚主义比享乐主义、奢靡之风难反多了。"

"形式主义、官僚主义往往是与工作融为一体的，那些热衷于此的人往往以落实制度为名、以完成任务为名来压人，表面上是为了工作。辨识的难度大，纠治起来难度自然比较大。"

"可是享乐主义、奢靡之风是很容易辨识出来的，因为这两股风与工作的关联度不大，而且需要物质条件作保障，只要管住了钱、管住了经费，就能釜底抽薪。这些年大家明显感到，纠治享乐主义、奢靡之风成效很大。"

"形式主义、官僚主义虽然难以辨识，但是透过现象看本质就会发现，不管其以何种名目出现，打着什么旗号出现、最终都会体现在工作的低效和空转上，都可以归结到时间的虚耗和浪费上。"

"实际上，时间是比金钱更为宝贵的资源。各项工作离不开经费的保障，更离不开时间的保障。一年 365 天，一天 24 小时，时间是有限的。在有限的时间内如何统筹和安排工作，时间应该科学合理用在哪里，对工作产生的效能如何？"

"以时间效能为核心，形成一套科学有效的综合管理机制，只要做到像管理经费一样管理时间，形式主义、官僚主义一定会得到有效的整治。"

我听了纪委书记的分析，感到还是有一些道理。我记得改革开放之初，当时"时间就是金钱，效率就是生命"的口号叫得很响，引领了从计划经济到市场经济的一次管理观念的革命。在全面深化改革的时代背景下，新的体制机制基本建立起来了，迫切需要树立与此相适应的现代科学理念，来一场管理上的革命。

第四章

也给"两面人"
画个像

> "我怎么也想不到，一位令人尊敬的老领导退休多年后竟然被抓。尽管听到过传言，可是他真的被抓的时候，还是令人震惊。"纪委书记谈起这事时感慨万千。

他说："这个老领导曾是我们单位的'一把手'，过去那些年为了单位的发展殚精竭虑，以办公室为家，每天早出晚归，加班加点，双休日和节假日大多是在办公室度过。他给人的印象是，一心扑在事业上，眼中除了工作还是工作。"

"老领导对自己要求也是十分严格，经常骑着一辆自行车上下班，下基层常穿的夹克已经磨出了毛边，手腕上总是戴着一个老式上海牌机械表，开会时桌上常放着一个上面写着'劳动最光荣'字样的老旧白色搪瓷杯，那杯子代表着老领导年轻时的骄傲。"

"老领导经常作廉政报告，要求大家清清白白做人、干干净净做事。他经常告诫下属，宁肯让下属听到他的骂声，也不愿听到下属家人的哭声。他的一个下属被抓，还曾痛哭流涕地表示，就是因为没有听老领导的话，才会走到今天的下场。"

"就是这么一位在单位受人敬仰、威信很高的老领导，退休后竟然被查了。随着高压反腐强力推进，单位过去多项重大工程、重大采购中的违法犯罪问题暴露出来，多个案发人员和相关老板都交代给老领导送过贿赂。老领导有一个特点就是对工程项目和物资采购管得很细很具体，给人的感觉是认真负责，实际上是借机寻租。"

"办案人员在老领导的地下室看到令人震惊的一幕，几个铁皮柜码放得整整齐齐，大部分柜子里面是成捆的钱，小部分装着字画、玉石等名贵物品。每个铁皮柜都有编号，上面的小卡片填写得认认真真，一看就是老领导的工作作风。"

"老领导后来交代，收了这么多钱从来也不敢花，他最大的乐趣就是下班后到地下室走一圈，整理一下贪来的成果，没想到最后只是当了一个财产保管员。"

纪委书记提到老领导时唏嘘不已，过去是多好的领导，竟然成了腐败分子，怎么变化的，谁也没有看出来。如果不是被别的案子带出来，他在大家的心目中可能还是一位受人尊重的好领导。

纪委书记讲的这位老领导，我也是很熟悉的，过去讲到他也是一脸敬佩。他童年有过辛酸，青年有过奋斗，中年有过成就，老年应该有个美好结局的时候，却不想晚节不保，惨淡收场。也许随着权力的增长，他早就在诱惑面前失去了节操，陷入了贪腐，只是我们不得知而已。人们再谈到他时，由过去的敬佩已变成了一个可怜的笑话。

"腐败分子往往都是一些'两面人',台上善于表演、惯于表现,背地里却大搞腐败,人前一套、人后一套。"纪委书记深有感触地对我说。

他讲到一个事例:"某单位有一个部门领导,负责项目管理,过去当过项目经理,是个勤奋能干又非常务实的人。他牵头搞过的项目,无论是在计划上管理上,还是质量上效益上都是有口皆碑,在单位综合评比中经常排在前列。"

"他在工作和生活上要求自己很严格,上班比别人早,下班比别人晚,衣着朴实,为人低调。他经常以自己为样板,教育年轻同志要上进,多把心思用在事业上。他们做项目的,经常要出差,有时在外地一待就是几个月。这样的差事谁都不愿意去，别人找理由能躲就躲、能推就推，可他看到别人不愿意去的时候往往主动提出来由他承担，所以他常常出差在外，领导和同志们都觉得他很辛苦。"

"可有一天纪委突然收到一封实名举报信，告他收受贿赂，玩弄女性。写信的是这个领导在出差所在地找的一个情妇。信中讲，领导专门租了一套公寓供她长期居住，说好的要与老婆离婚娶她，现在她怀孕了却让她把孩子打掉，与她渐行渐远，想给一笔钱就了事，对她不负责了。信中还提供了这个领导利用项目管理的权力大肆敛财的线索。"

"纪委对举报信进行了调查核实，发现情况基本属实。据这个领导交代，他确实利用项目收了钱，但也很负责，尽心尽力帮助乙方优化指标方案，提供具体指导，一起解决实际问题。只要他经手的项目，乙方的项目水平都会提升一大截，结果是合作共赢，所以他的付出对得起所收的钱。"

"当这个领导被留置的时候，同志们都大吃一惊，想不到如此优秀能干的人竟然成了腐败分子，真是令人难以置信。"

一些腐败分子往往有两面性，有好的一面，也有坏的一面。好的一面，说他们善于表演表现也好、善于伪装掩饰也好，但坏的一面一旦被揭露出来，这种反差更是反映了腐败分子戴着光鲜面具、做着贪污勾当的本性。

"一个腐败分子说他和别的腐败分子不一样，他们是恶贪，而我是善贪。"纪委书记给我介绍了一个腐败分子为自己的辩解。

纪委书记谈道："我问他，贪还有善恶之分？这个腐败分子回答，他从不主动向别人要钱，都是别人找他办事硬塞给他的，事成了钱收下，事办不成把钱退回去，只拿该拿的。大家都乐意。那些恶贪，明里暗里索贿捞钱，办事就要收钱，办不成事也要收钱，那才是真的可恶。"

"我还是第一次听到有腐败分子这么理直气壮地为自己辩解。不过，从心理学的角度倒是可以为他的辩解找到一些理由。按照心理学的认知失调理论，当一个人的行为与自己的认知发生冲突时，为了减轻心理上的压力，有些人便会通过增加新的认知，使他们的行为合理化。在腐败分子的认知里，肯定知道贪是一种罪恶，可他又把贪分成'善贪'和'恶贪'，为自己的过错找借口。"

"实际上这种把贪腐行为合理化的认识，在许多腐败分子身上都存在，只不过表现不同而已。比如，有的腐败分子认为自己之所以贪，是因为受到大环境的影响，大家都如此，他也免不了；有的腐败分子认为，自己奋斗过奉献过，作出的牺牲和贡献很大，捞一点贪一点只是对自己的补偿；有的腐败分子认为，许多人能力素质和吃过的苦都不如自己，却过着远远好于自己的生活，心理不平衡就要通过贪污来找回。"

"腐败分子不管找出什么样的理由妄图使自己的行为合理化，贪的本质都是一样的，都是以权谋私、违背党性、危害社会的罪恶行为，只是给自己的内心找点安慰。"

听了纪委书记的介绍，我觉得"善贪"和"恶贪"同样是贪。对贪污腐败分子的惩处，是看违纪违法的事实，依据的是纪法的规定，想要不受纪法的惩处，最好的办法就是不要走贪腐的道路。

一个优秀的年轻领导干部落马，让纪委书记大感意外。他感慨地说："他确实是个难得的人才，真是令人惋惜！"

纪委书记介绍说："这个领导干部，博士学位，国外留学回来，很短的时间就从技术管理岗位提拔到一个下属单位'一把手'的位置。他干工作有思路、有魄力、有激情，这些年干出了不少成绩，深得上级赏识，在群众中也很有威望。"

"他是典型的专家型知识型领导，思维层次和思想水平都比较高，知识渊博，视野开阔，在讲台上作报告，不用讲稿，侃侃而谈，一讲就是两三个小时，不仅业务报告讲得好，党课和廉政报告讲得也很好。"

"他表面上对自己要求严格，一次有个下属为了提拔到他办公室送钱，他当时就让办公室工作人员把钱交到纪委，还以此为戒，在单位搞了专题警示教育。这件事在整个单位引起震动，都认为他是一个廉洁自律的好干部。"

"但就这么一个很有前程的优秀年轻干部，事发后人们终于看到了他不为人知的另一面。"

"原来，他早在技术管理岗位时，就找了一个代理人并以其名义开了一家公司，公司的日常运营和管理都由这个代理人来打理。他利用职务之便，把单位花重金组织力量攻破的多项科研成果，悄悄转移到自己的公司，还以技术合作和外包等形式进行利益输送，把公司养得很肥。这些事表面看起来自然而然，在神不知鬼不觉之中，让他一本万利赚了很多钱。"

"问题出在他的代理人身上。代理人名义上是公司老板，看到公司赚钱很容易，也产生了从中捞一笔的想法，结果转移公司钱款时被发现，矛盾激化后一气之下把这个领导干部举报了。"

听了纪委书记的介绍，我也觉得这个领导干部的确是"人才"。但坏事做得再有水平，永远逃不过天网恢恢。

"腐败分子的心理素质一般都异于常人，藏得住事，脸皮比较厚。"纪委书记告诉我。

他讲了一个事例："我的一个老领导多次跨单位交流提升，当上了一定级别的干部。他的儿子利用他的权力承揽工程，收受贿赂，事发后被抓入狱。"

"谁都看得出，没有他的支持，他儿子不可能揽到工程，也不可能收受贿赂。就这么明摆着的事，他在专题民主生活会上向组织汇报思想时，竟然说，他儿子的事跟他没有任何关系，只承认没有管教好儿子，是个失败的父亲。"

"他儿子被抓后，大家都预感到他迟早会出

事。可他像没事人一样，工作不受任何影响，与人交流谈话时神态自若。年度工作计划中安排他作的廉政报告照常进行，他在台上振振有词地给大家讲道理、提要求，一脸正气凛然的样子。"

"不久后，他被留置了，没有人感到意外，只觉得他表演得很好。在儿子被抓，调查不断深入的情况下，他还能如此镇静，真不是常人所能做到的。"

纪委书记讲的这种情况，我时有耳闻。有的腐败分子看似表面镇定，可又有谁知道，在夜深人静之时，他是否还能保持如此镇静？内心的煎熬只会是更加痛苦。

第五章

腐败问题的
"新"与"隐"

"腐败分子瞒天过海的想象力超乎常人,大多比狐狸还要狡猾。"纪委书记深有感触地对我说。

他讲到一个事例:"纪委在调查一个领导干部违纪违法所得时,发现他的银行账户上有一笔现金存入的大额款项明显异常,要求他说明来源。"

"这个干部非常从容,声称钱是合法得来的。他说他对古玩很感兴趣,没事的时候经常到古玩市场转,没想到一次捡了个漏,淘到一幅古代名家的字画,又被某收藏家看中买了去,所以得了一大笔钱。"

"调查人员了解到,他确实有喜欢古玩的爱

好，也确实经常去古玩市场，只不过他捡漏的摊位是临时摊位，已经无从查起。问询那个收藏家，回答说确有其事，因为当时认为拿来的字画是真迹，于是花了一大笔钱买了下来。问他字画在哪里的时候，他说又被别人收走了，买家也无法找到了。"

"我们研究这件事的时候就感到，这个收藏家很可能是在作伪证，但是他的说法又能自圆其说，要是一口咬定的话就很难查下去了。当时我们想到了联合相关部门一起调查的方法。"

"调查人员再次找到收藏家，提出了新的要求。收藏家一看调查人员穷追不舍，而且抓住了他的要害，担心硬拗下去会把自己陷到里面，不想再蹚这趟浑水，于是说出了事情真相。原来是这个腐败分子的妻子找到他，愿意给他一笔钱，让他做伪证。"

"收藏家一坦白，调查人员很快从这件事上打开了缺口，查出了这个领导干部收受采购商贿赂的事实。"

纪委书记讲的这个腐败分子，为了脱罪想出的招数是比较有想象力的，只不过再高明的招数也要别人的配合。而这种配合往往就是一个薄弱环节，几乎没人愿意与腐败分子命运与共。腐败分子再狡猾终究会被抓住漏洞，露出马脚。

"搞'任内办事、退休收钱'的期权式腐败，退休后因贪腐被查已然不是什么新鲜事。"纪委书记对我谈到他的一个判断。

他说："腐败的生命力是很顽强的，高压严打态势下也在不断进化和变异，变得更加隐蔽，加大了反腐败工作的难度。"

"前不久，我们查办了一个期权式腐败的案件。纪委接到举报，说是某个关键岗位的领导干部，在位时衣着朴素，家居简陋，为人低调，一直以为是一名清正廉洁的好干部。没想到这个领导干部退休后，像变了一个人一样，家里进行了豪华装修，置换了红木家具，重新买了一辆高档车，感觉非常不正常。"

"纪委按规定进行了调查核实，发现这些大项开支都来自那个领导干部儿子的账户。又经过进一步核查，发现领导干部退休后不久，有多笔大的款项转账到他儿子的账户里，而转账的竟是领导干部过去多年帮扶的企业老板。"

"最后查清，这是一起典型的'任内办事、退休收钱'的期权式腐败。领导干部在位时，以发展关键核心技术为由，对多家民营高技术企业在项目、资金、采购等方面给予了很大支持。这些做法表面看起来冠冕堂皇，可实际上却是领导干部和企业老板私底下谈妥的结果，他们约定等领导干部退休后再给回报。"

"这样，领导干部虽然在位的时候已经腐败，因为看不到权钱交易，没有现实证据，所以很难查出问题。对于企业老板来说，在受贿行贿一起查的风险压力下，等领导干部退休后再给回报，也可以更安全一些，同时也不用担心领导干部收钱不办事的问题发生。"

魔高一尺，道高一丈。随着大数据技术的发展，随着领导干部终身追责问责机制的完善，期权式腐败就算再隐蔽，也会无处遁形，最终"竹篮打水一场空"。

"'境内办事，境外收钱'这种复杂迂回的腐败，是不是很难查处?"我问纪委书记。在我的感觉里，事情一旦发生在境外，调查取证将极为困难。

他回答："境外部分确实难查，这是事实。我们有个案子，涉案相关人员定居在国外，一看我们联系他，马上就断线，话不多说一句，更别说拿到证据了。我们明知道钱是从地下钱庄转移出去的，但是当事人不配合也难以取证。还有一个证人，本来人在国内，一听说调查马上就出国。好在这个案子，主要嫌疑人在国内被控制了，多条线索都可以切入，我们把其他证据做得很扎实，最后同样定了他的罪。"

"但是在领导干部这个层面，拒不配合的还是个别的，大多都表现出愿意配合组织调查的态度，只是配合程度的多少而已。一个重要岗位的领导被留置后交代，他早早把孩子送出国留学，妻子刚开始是陪同孩子，后来和孩子一起定居国外。作为一个'裸官'，他喜欢与国内外都有业务的公司老板打交道，特别是结交了几个'裸商'朋友，与他一样，老婆孩子在国外。这样，他在国内用权力帮助老板做生意，老板在国外给他老婆孩子送钱，形成了相互合作的利益共同体。"

"'境内办事、境外收钱'的腐败模式，虽然调查取证的难度较大，但是防范的难度并不大。因为这种腐败模式的特征很明显，一般涉案的都是'裸官'，处在重要岗位，与国外联系密切。只要断了他们的当官之路，也就堵住了他们境外收钱之道。实际上，这些年对'裸官'的治理力度非常大，成效也非常明显。"

　　纪委书记充满信心的回答也给了我信心，高压严打之下，一些贪腐分子反调查意识不断增强，腐败手段花样百出，行为日趋隐蔽。但是随着反腐败的深入推进，腐败不管如何变异，都逃脱不了被铲除的命运。

"当腐败越反越严，他想到的不是收手，而是找一个代理人帮他收钱。"纪委书记给我讲了一个腐败分子通过"白手套"收受贿赂的案例。

他说："那是一个贪污上亿元的巨蠹，曾在重要领导岗位上负责工程项目管理。在他最猖狂的时候，有人在车后备厢拉着一麻袋的钱给他送。用他自己在忏悔录中的话讲，知道日进斗金是什么样的感觉。"

"当高压反腐越管越严的时候，他想过要收手，但又不甘心。在有权的岗位上，来钱太容易了，一次几十万元、上百万元往里进，捞几年可以管好几辈子。如果不抓紧时间，过了这个村不会有下个店。"

"经过左思右想，他和一个关系密切的老板商量，想要委托一个亲戚到老板的公司当合伙人，将贿赂给他的钱全部折算成股份由亲戚代持，收益由亲戚代为打理。他这样安排，老板也很乐意，只要有项目，哪怕自己不干，转包出去都赚钱，两人成为一根绳上的利益共同体，以后就不需要为找项目而发愁了。"

"说白了，他的亲戚就相当于他的代理人和'白手套'，有什么见不得光的事都由他亲戚来谈，那些见不得光的钱都暂时由他亲戚来管理，他也由过去亲自收钱受贿转到了幕后操纵指挥。"

"但是他们的好日子并不长久，随着国家对招标采购管得越来越严，他们采取内外勾连、围标串标的方式获取工程，引起了多家投标企业的不满，告状信也接连不断地寄到纪委，他们严重违纪违法的问题线索越来越清晰。"

"调查过程中，纪委找到其以亲戚名义在郊区购买的一套别墅，没想到在地下室竟然发现成麻袋的现金堆放在地下。办案人员通过深入调查，很快打开了突破口，发现了其中的‘玄机’，而且不仅他本人，他的老婆孩子都参与了收钱受贿。在一个个证据面前，他不得不交代出通过亲戚充当代理人的事实。"

"纪委的同志一开始想到他可能是腐败分子，但想不到他居然是贪腐上亿元的巨贪。后来，他的老婆孩子都被抓了，对他打击很大，他大彻大悟，明白贪来的富贵原来终究是一场梦。"

听了纪委书记的介绍，我在想，腐败分子贪念不断，有机会就会继续贪，只要在犯罪的道路上行走，受到严惩就是早晚的事。

"这个领导干部是一个'股神',钱来得又多又快,而且隐蔽得很好。"纪委书记讲到一起高智商犯罪案例时感叹不已。

他介绍说:"这个领导干部在大学专业是金融,在多个金融岗位干过,后来走上了一个重要领导岗位。由于具有领导职务之便,可以提前知晓有关上市公司的内幕信息,于是他在这方面动了心思。"

"他安排自己的亲戚充当操盘手,自己藏在幕后指挥,一旦获取有关上市公司的内幕信息,便指挥亲戚买入相关股票,以信息差、时间差大肆赚钱,获利十分丰厚。他把贪来的钱基本上也都投到了股市,以钱生钱尝到了甜头,自诩找到了一条发财的路而乐此不疲。"

"他在工作安排上，对上市公司有关的事情都很热衷，对其他方面的事能推就推，能应付就应付。他喜欢和上市公司老总打交道，经常打着调研视察的幌子到上市公司，以工作之名在一起探讨交流。对于看中的公司，他会给予特殊关照，在政策优惠、财政扶持等方面提供支持，通过内幕信息谋利。"

"当他被查时还辩解自己没有贪污国家的钱，靠的是炒股赚钱，只是违纪行为。他忘了内幕信息是通过重要领导岗位的权力得到的，所谓的炒股赚钱，同样是以权谋私、权力变现的腐败行径，只不过手段更加隐蔽而已。"

从纪委书记的介绍中，我了解到，这些年反腐力度不断加大，腐败的花样也在不断翻新，日益隐蔽，甚至披上了看似合法的外衣。利用内幕信息交易是新型腐败和隐性腐败的一种形式。随着反腐败斗争的深入推进，对新型腐败和隐性腐败的治理已成为下一步工作的重点，在零容忍的强大态势下，任何腐败的变异升级都不会有滋生发展的空间。

"这名干部是利用内部信息赚钱的高手。"纪委书记为我介绍了一个聪明反被聪明害的事例。

纪委书记说："这名干部是一个科研部门的领导，博士毕业，专业素质很强。他被组织派去参加一个重要项目的招标采购，担任评审组副组长。"

"他对参标企业的情况和招标条件进行了深入研究，加上非常熟悉行业内企业的状况，判断某民营企业中标的可能性很大。"

"他于是找到企业老板，提出可以帮助企业中标，但需要一笔活动经费。企业老板对这个项目也很看重，答应了他的要求。"

"在项目评审过程中,这家企业各项指标的综合情况确实优于其他企业,特别是几项关键指标占有明显优势。他把这些优势总结出来,确实也帮企业说了不少好话。果然不出他所料,企业顺利中标,他也如愿以偿拿到了一笔钱。"

"本以为这事算过去了,但企业老板后来发现,按照招标的条件,企业本来就可以中标,而且送出去的钱占到利润的大部分,基本上算是白干,自己分明是被忽悠了。"

"老板认为这个干部心太黑,思考再三,还是决定把他告了。"

"干部被留置后,不承认自己索贿,辩解说自己靠的是专业知识,拿的是企业的信息咨询费。"

"当时对他涉嫌诈骗罪还是受贿罪,大家讨论了很久,考虑到他整个过程都贯穿着职务行为,为企业顺利中标也曾施加过职务影响,决定按受贿罪的方向进行调查取证。后来,那个干部因受贿罪被判了五年。"

听了纪委书记讲的案例，我感到现在精通专业技术的高智商犯罪有增多的趋势。专业技术水平高的人，并不见得思想道德水平就高。对专业技术干部的管理，既要充分调动他们的积极性创造性，也不能忽视对他们的教育管理，同样要防止贪腐问题的发生。

"借机器设备维修的名义，违规套现上千万元，一干就是大手笔，只是没想到会被查出来。"纪委书记讲到他们在违规套现专项检查中，查出一起胆大妄为的违法案件。

他说："通常违规套现，都是通过私营的小商家操作，给商家返几个点的服务费，商家帮忙套出现金，开出正规发票，金额不会太大，以个人违规违纪的居多。"

"但是这一次操作的可不是小商家，而是一个大型设备维修厂家。检查组从这个单位经费往来的票据中发现，他们以机器设备维修的名义打给厂家上千万元开支，打出去的钱款是整数，所有细目也都是整整齐齐，凑数痕迹十分明显。"

"查看设备报修、经费申领审批报销各种手续都很齐备。设备现场问询，技术人员对什么原因报修？故障出在何处？如何修理？只要问到的问题，都能对答如流，表面上也看不出什么问题。"

"当时我们研究后决定，顺着经费的去向继续往下查，看看这笔钱最终落到哪里。按照这个思路，检查人员查到了厂家。很快发现，这笔账虽然入到了厂家，但是那个单位的一些领导和技术骨干却从厂家支取了技术服务费、专家咨询费、业务培训费等多种名目的费用，钱款总数与设备维修费大体相当。"

"在证据面前，一个单位领导交代，主要是想通过这个办法给单位领导和技术骨干发点补助。设备确实坏过，他们是靠自己的力量想方设法修好的，给单位节省了一大笔钱。于是大家就想着能不能以设备维修的名义套现一些钱发些补助。"

"违规套现是比较常见的一种违纪行为，但是由单位领导出面组织的巨额违规套现，说实话还是很少见的。可见，这个单位的领导纪法观念淡漠到何种程度！"

"不久后，这个单位的'一把手'连同其他问题一起受到惩处，被判入狱，其他多位领导也被撤职处理。最后结果也证明，当初有多么胆大妄为，跌倒下去就会有多惨。"

纪委书记介绍的这个案例，超出了我的想象，一笔钱就能违规套出上千万元，要经过两个单位层层审批，竟然一路绿灯，能够办成，不可思议。但他们没有想到，如此大的动静，如此多的环节，如此多的漏洞，查起来一捅就破。一旦犯下这样的事，贪图一时之利，最终等来的一定是受到纪法的严惩。

　　"送礼出现了新的'隐形变异'，我们查出一起送'电子礼品卡'的违纪问题。"纪委书记谈起送礼送出的新花样。

　　他说："一个领导干部被留置后，检查他的手机短信，意外发现有人给他送过'电子礼品卡'。"

　　"这个'电子礼品卡'，实际上就是短信包含的一个链接、一组序列号和一个密码。打开链接就相当于进入了某商城的礼品店。登录时输入序列号和密码，就相当于确认了购买者的资格和可用金额。然后像网上购物一样，看中什么买什么，钱自动从可用金额中扣除，礼品以快递的方式寄到家中。"

"这种送礼方式与过去的实物送礼相比，隐蔽性非常强，送礼和收礼不见面，买电子卡和售卖礼品不见面，既安全方便，又投其所好。一些商家正是看中了其中的商机，在网上公开兜售这样的'电子礼品卡'，有些连身份证信息都无需填写。而且'电子礼品卡'买卖在网上已经形成了一套完整的业务，拿到'电子礼品卡'如果不想要，还会有人收购，换现钱，相当于礼品变成了礼金。"

"电子商务网站发展起来的时间不是很长，相比实体店的监管并没有那么严格，特别是针对新情况新问题的建章立制需要一个过程。正因为如此，便给一些人逃避监督、'暗度陈仓'提供了可乘之机。"

"实际上堵上这样的漏洞并不难，既然是运用网络技术手段规避监督，同样可以运用大数据技术手段加强监管。比如，对网上礼品销售采取实名制交易，制定出相应的制度规范，随时监控

'电子礼品卡'的流向，就能及时发现买卡用卡中的不正之风。"

纪委书记介绍的这种情况，说明送礼歪风表面上刹住了，但仍然存在暗道。这就需要紧盯其新的"隐形变异"，坚持标本兼治，让歪风邪气无处遁形。

"下属单位有人内外勾结，竟然把一块地莫名其妙地搞没了。"纪委书记告诉我一件让人匪夷所思的事。

他说："这个下属单位有一排危房闲置了很久，多年前的一天，某建筑公司在光天化日之下竟然将其推倒，准备在那片地上建一栋商品住宅楼。"

"接到群众反映后，下属单位马上派人去交涉。争执之下，建筑公司现场负责人拿出一份合同，上面写着作为乙方的下属单位同意将那块地交给建筑公司开发，楼房建好后用部分房子置换。后面签名的是下属单位某房屋管理部门领导，这个领导不久前已经离职出国，失去了联系。"

"下属单位的领导没有一个人知道这件事，一致认为合同一定是假的，签合同的人是个人行为，应该不予承认。他们把建筑公司告上法院，没想到建筑公司当庭拿出当地房管部门批准其开发的批文。房管部门之所以批准，是因为收到了下属单位盖有公章的同意函，同意将那块地交给建筑公司开发。"

"就这样，那份盖有公章的同意函，致使下属单位的官司输掉了一审。我们组织相关人员一起研究继续上诉事宜的时候，都感到问题关键是那份公函。可公章的管理使用有着严格规定，当时我提出那个公章会不会是假的？大家都认为这种可能性不大，最有可能是有人趁机办理文件的过程中偷偷盖出来的。因为这种漏洞很容易出现。"

"如果盖的公章是真的，从法律上就会认为公函也是真的，下属单位上诉再审还是会输。我

第五章 │ 腐败问题的"新"与"隐"

抱着试一试的想法，要求下属单位申请把房管部门留存的同意函送到公安机关鉴定，看看公章到底是真还是假。这一试，让人大跌眼镜，公章竟然是假的。也就是说，有人用假公章，伪造了一个同意出让土地置换房屋的公函，那块地就这样让人给算计走了。"

"我们又得到消息，建筑公司的老板也出国不回来了，而且把建房的贷款和房屋预售款早已转移出国，公安部门已对他下达了通缉令。"

"由于涉及严重的违法犯罪问题，建筑公司停止了建房，公司老板和下属单位那个管房子的原领导在国外不回来，关键人物都不在了，调查无法继续。好在下属单位的地还在那里，对国家财产没有造成大的损失。"

从纪委书记的介绍中，我还了解到，现在纪检监察系统已经建立了防逃机制，以人、证、钱为重点加强监管。比如，对党员干部护照进行集中统一管理，对个人有关事项报告中的涉海外部

135

分加大了核查力度，通过国际合作冻结外逃人员海外账户，让涉案人员出不去，即使出去也无钱可用。同时，坚持防逃和追逃两手抓，锲而不舍地开展追逃追赃，让腐败分子无处藏身、无路可逃。

"现在的腐败分子越藏越深，虽然抓得严了，但还是有一些腐败分子不知收敛，只是比过去更加小心谨慎。"纪委书记谈到高压反腐态势下腐败分子的变化。

他说："有个单位的'一把手'，为人豪爽，善于交际，过去请吃吃请、收礼送礼是家常便饭，拉关系、跑项目、要资金是他的强项，常常是公司老板的座上宾。他负责的单位本来是要被裁并的，在他的努力下，不仅没有被裁，还搞得发展势头强劲，项目接连不断。他是群众眼中典型的强人能人。"

"党的十八大之后越抓越严，他是个很有头脑的人，敏感性很强，意识到过去那套行不通了，开始在台上大讲反腐，要求大家转变发展观念，按规矩办事。他平时也变得比较低调，不像过去那样呼朋唤友、吃吃喝喝，好像换了一个人。"

"可是当他被纪委监委留置的时候，又一次让人大跌眼镜。原来，他虽然明面上收敛了，但暗地里却继续收钱，不过他只收熟人的钱，只收现金，只在两个人的情况下收钱，对于不放心不托底的钱从来不收。他以为只要自己做得足够小心，别人就发现不了。"

"一次，一个老板带着秘书到办公室给他送钱，他看到有第三人在场，先是予以拒绝，但回头又和老板约饭，说是有事可以单独商量。老板明白他的意思，利用单独见面的机会把钱给了他。但是老板也防了一手，担心收钱不办事，偷偷录了音，留下了证据。后来老板出事，把他给牵了出来，证据也派上了用场。"

纪委书记讲的这个腐败分子，自以为聪明，

殊不知出事的往往就是那些自作聪明的人。君子爱财，取之有道。如果道都走错了，再聪明的人，迟早有一天会翻船的。

　　"计算机公物私用出现了新变异。"纪委书记给我讲到几个技术人员利用单位计算机资源"挖矿"谋利的事例。

　　他说："纪委收到某单位'一把手'批转过来的情况报告，其主要内容是某业务主管部门发现所属计算机机房有'挖矿'行为，请求纪委介入调查和处理。"

　　"我们是第一次遇到这种情况，那时我们对于什么是'挖矿'、'挖矿'怎么赚钱还搞不清楚，于是请来计算机专家扫盲。"

　　"专家介绍说，在互联网上比特币、以太币等虚拟货币的生产，必须有记账员参与，一旦抢夺到记账权，系统便会以虚拟货币的形式给予一定奖励。这个抢夺记账权的过程便是'挖矿',奖励的虚拟货币在交易系统中可以买卖,然后兑换成现金。所以'挖矿'是可以赚钱的。"

"专家也讲到,'挖矿'的过程需要使用大量的计算机资源,耗费大量电力,同时对计算机元器件损耗也比较严重。"

"业务主管部门正是发现连续多个月计算机机房电力耗费和元器件报修异常,进而派人现场查证,掌握了他们'挖矿'的情况。"

"纪委组成调查组介入后,进一步核实和固定了证据。事情本身很简单,计算机机房三名工作人员感到他们管理的十多台计算机是很好的资源,于是装入特定程序,每到晚上计算机空闲时便开始'挖矿',三个月时间共计获利一万多元人民币。三个人后来分别受到纪律处分和调离岗位的处理。"

纪委书记讲的"挖矿"的案例,我以前没有听说过,听到他的介绍才搞明白是怎么回事。

从这件事可以看出，时代在发展，新情况新问题也会不断出现。全面从严治党永远在路上、反腐败永远在路上不是口号，纪委工作只有与时俱进，做到早发现、早处理，才能跟上时代的新变化。

"政治掮客是行贿和受贿的中介人，一定程度上也是腐败分子的'经纪人'。"纪委书记感慨地谈论道。

他说："近些年，某些'大老虎'被抓，隐藏在他们背后的政治掮客也随之曝光。这些'大老虎'一般都身处高位，与政治掮客相识时间长，私交极为密切，对其高度信任，在长期合作中形成了相对稳定的利益共同体。"

"他们以权谋利的模式虽然隐秘，但说起来也简单，就是把'大老虎'手中的权力当作商品来运作。在'大老虎'的明帮暗助下，政治掮客利用其权势和影响力，为自己打造出有关系、有背景、能办事的人设。这时候自然会有人为了升官和项目等事项找政治掮客牵线搭桥，想要行贿'大老虎'，如此便能达到权力变现的目的。"

"这种以权谋利的模式，'大老虎'和政治掮客分工明确、相互利用，'大老虎'可以避免直接与行贿者打交道，大大降低了被查处的风险；政治掮客可以依托权力的资源，在权钱交易中捞得自己的好处。"

"在我们基层单位处理的贪腐案件中，虽然没有遇到过专门的政治掮客，但是通过熟人组个饭局，搞个牵线搭桥之类的事还是常有的。这实际上也是一种掮客行为。"

从纪委书记的介绍中，我还了解到，各级纪委专门对打击"政治骗子""政治掮客"作了部署。这说明反腐败斗争不断向纵深推进，矛头既直接对准腐败分子，也在铲除腐败滋生的土壤和条件。反腐败越反越深，就会带来整个政治生态的根本好转。

"腐败分子收了钱没办事，有的情况确实难以定罪，但却逃脱不了纪律的严惩。"纪委书记对我谈起如何处理这个纪法衔接面临的难题。

他说："近些年，随着反腐力度加大，领导干部违规办事的难度越来越大，出现了收了钱不办事或办不成事的情况。即使办事，他们也有意把'收钱'与'办事'分隔开，让纪委难以查证两者之间的关联。比如，逢年过节收礼金，但办事不收钱，表面上看不出'收钱'与'办事'有什么关联，实际上是一种默契。"

"依据法律规定，要按照'非法收受他人财物，为他人谋取利益的'相关情形来确定受贿罪，既要查实'收钱'，又要查实'办事'，而腐败分子往往以'收了钱没办事'为借口企图逃避入罪。很多时候，领导干部收钱不办事，不会有'办事'的证据。有时领导干部办了事，在'收钱'与'办事'隔离的情况下，要查实两者之间的必然关联，难度也比较大。如果证据不实，到了法庭容易引发争议，给定罪带来不利影响。"

"但是违纪的定性和查实就要容易得多。依据党纪国法有关规定，只要收受可能影响公正行使公权力的财物，就可以认定为违纪。超过正常人情往来不合理数额的礼金，可以视为违纪金额。对这种情况违纪的处理，轻则可以警告、严重警告，重则可以撤职、留党察看甚至开除。"

纪委书记的介绍让我明白，只要腐败分子走在违纪违法的道路上，就必然会受到纪律和法律的严惩。不能让腐败分子有空子可钻，要让纪法紧密衔接，提升惩治腐败的整体效能。

> 纪委书记与行贿受贿的人接触多了，感到行贿者也是分"格局"的，"格局"越大，对社会的危害越大。他给我介绍了他的观察。

他谈到，"格局"小的行贿者，对于送钱送礼患得患失，内心忐忑。他们行贿是为了办事，不送怕办不成事，送了又担心事办不成白搭钱。他们通常是收入一般的普通人，行贿大多是受不正之风的裹挟而为之。

"格局"中等的行贿者，熟悉送钱送礼的"潜规则"，该送就送，习非成是。他们把办成事作为行贿的准则，因人因事需要怎么送就怎么送，不计较小的得失。他们通常是有一定身份和较高收入的人，把行贿当作办事的通行证。

"格局"大的行贿者，善于感情投资，放长线钓大鱼，使权力为自己所用。他们精通"围猎"手段，与领导干部交朋友、拉圈子，建立利益共同体，看重的是用权力赚大钱谋长远之利。他们大多是唯利是图的商人或投机者，行贿是他们精于算计的牟利工具。

听了纪委书记的介绍，我感到，不管哪种"格局"的行贿，本质是一样的，都是社会的毒瘤，败坏党风政风，污染政治生态。行贿不查，受贿不止，必须坚持受贿行贿一起查，让行贿者付出沉重代价。

第六章

让监督"长出牙齿"

"准确运用'四种形态'的难点和关键在于第一种形态。"纪委书记讲的这个观点与我的看法有些不同。

他解释说:"'四种形态',第一种形态是经常开展批评和自我批评,及时进行谈话提醒、批评教育、责令检查、诫勉,让'红红脸、出出汗'成为常态;第二种形态是党纪轻处分、组织调整成为违纪处理的为大多数;第三种形态是党纪重处分、重大职务调整的成为少数;第四种形态是严重违纪涉嫌犯罪追究刑事责任的成为极少数。"

"落实第一种形态的主体责任者,涵盖了所有的党组织和党员,所面对的是所有可能发生的问题，有点苗头就应该提醒，重在预防，治的是'未病'。而后面几种形态涉及范围只是少数党员，所面对的是已经发生的问题，所要做的是依据党规党纪对症下药，治的是已诊断出来的病。"

"之前，党内政治生活中批评和自我批评认真不起来、严肃不起来，在一些单位不同程度存在，都想当老好人，不愿得罪人，这严重影响了第一种形态的效果。我对民主生活会发言材料的批评部分作过分析，感到虚话太多，已经演变成了一种套路。比如说，理论学习不够，工作太急躁，任务安排不科学，批评人不注意方式，结合实际不紧，等等。这些不痛不痒的批评，说了跟没说一个样。"

"'四种形态'中，通过这些年强有力的正风肃纪反腐，后面三种形态的落实效果是显著的，相比较而言，第一种形态的落实还需进一步加大力度，这应该引起各级党组织的重视。"

按我以前的看法，"四种形态"后面三种，板子是要打到具体人的，落实的难度应该更大。纪委书记的介绍让我改变了这种看法。准确运用"四种形态"如同治病一样，"治未病"最难，需要所有的党组织、所有的党员都能齐心聚力，防止和纠正思想庸俗化的现象，真正让党内政治生活严肃起来，认真起来。

"最近纪委约谈了某单位的宣传部门负责人，对他们在新闻报道中多次出现'低级红''高级黑'的情况予以批评提醒。"纪委书记给我介绍了纪委的一次约谈。

他说："现在有些同志，写报道好像不过脑子，宣传什么就猛吹什么，常常坐在电脑前主观想象而背离实际，言语浮夸而违反常理，表达偏激而有失公允。他们的宣传表面上立场正确，实则不考虑受众的感受，不仅没有起到积极的宣传作用，有时还令人反感甚至授人以柄。"

"纪委约谈宣传部门负责人时指出了他们的问题。比如，他们在报道纪委同志在某节假日期间加班加点工作时讲，夜幕下，整个工区只有纪委办公室的灯光通宵达旦亮着。但是那段时间，单位正在搞一个重大项目的集中会战，许多部门都在夜以继日地工作，纪委再忙也忙不过那些部门。这样的报道一出，在单位网页的评论区出现一片吐槽，人为地给纪委树立了对立面。"

"报道中还说，纪委坚持严字当头，停发了一些干部的奖金和补助，体现了政治上的关心和爱护。本来那些奖金和补助是违规的，就不该发，纪委只是按规定执行。这样的报道一出，好像'停发'是纪委所为，不仅没有正面解释和化解大家的不满，还把矛头引向了纪委。"

"我知道他们这样的报道不是有意为之，可以算作一种'低级红'。如果立场有问题，故意用政治正确的语言达到'黑'的目的，貌似有理却暗藏祸心，那便算是'高级黑'。'低级红'和'高级黑'有着很强的欺骗性、伪装性，因而有着更大的杀伤力和破坏力。"

纪委书记讲的"低级红""高级黑",我感到在现实生活中并不少见,特别是在网络自媒体,充斥着形形色色的"低级红""高级黑",如果缺乏警惕性和鉴别力,就很容易受到误导,被带偏思想。正因为如此,各级党组织有责任在管辖范围内防范和纠正任何形式的"低级红""高级黑"。

"纪委开会审查几个'裸官'的个人有关事项情况，决定建议党委对一个领导干部作出调整岗位的处理。"纪委书记谈到随着领导干部报告个人有关事项规定的严格执行，对"裸官"的治理越来越严格。

他说："这个'裸官'是某部门领导，负责重大科研项目管理，其中有涉外项目，处于关键敏感岗位。他填报的个人有关事项报告显示，他的儿子留学，毕业后在国外找了份工作，他老婆也取得了国外长期居留许可。他的家人都到了国外，他独自一人在国内工作，是典型的'裸官'状态。"

"'裸官'不见得都是贪腐分子，但是贪腐

的动机和风险要远远大于其他领导干部。他们中的一些人往往先让家人移居到国外，然后再把资产转移到国外，最后自己随时跑路到国外。把自己的家和未来都放在国外的人，心也就到了国外。所以，按照干部选拔任用规定，一些事关国家利益的重要岗位和关键敏感岗位，是限制'裸官'任职的。我们单位曾对多个'裸官'调整过工作岗位，还有几个领导干部劝家人回到了国内。"

"一般遇到这种情况，我会先向单位党委书记汇报，然后受其委派找相关领导干部谈话提醒，强调规定要求，如果配偶取得国外的长期居留资格，不愿意放弃的话，就会对其作出调整岗位的处理，而且以后不再列入后备干部考察人选。我与那位领导干部谈话后，他答应考虑考虑，然后就没有了下文，于是纪委依规对他提出了处理意见。"

听了纪委书记的介绍，我感到领导干部个人

有关事项报告制度，确实是加强组织监督、防治腐败的一个利器，对"裸官"这样的风险隐患可以及时有效作出预防和处理。

"运用大数据技术给监督查案带来意想不到的效果。"纪委书记谈起一次专项检查的收获，依然兴奋不已。

他介绍道："我们到某城市的下属单位进行专项检查，通过大数据比对，竟然发现许多购买图书的疑似问题发票竟然来自同一家书店，许多购买计算机耗材的疑似问题发票竟然来自同一家公司。"

"派调查人员上门一看，那家书店和公司都只有很小的门脸，不像有多少业务的样子。通过进一步查证，发现他们私底下原来可以承办虚开发票套现业务。抓住这条线索，从调查书店和公司突破，一系列违规套现问题便浮出水面，很快得到查实，相关违纪违法人员受到处理。"

"现在我们已经全面推开财务报账信息数据化，所有审批和报销凭证均可在一定权限范围内查看，明显的数据异常可以及时予以预警。比如，有的购买同样的物品价格虚高很多，有的办公耗材占比过大，有的办公设备维修费用过高，有的一人购买多台笔记本电脑，这些异常情况都能被及时发现和提醒。"

从纪委书记的介绍中，我感受到了大数据技术的威力，它可以对违纪违法问题做到早发现早纠正早查处，使抓早抓小、挺纪在前有了技术支持。相信随着大数据技术的广泛运用，将大大提升执纪监督的效率和效果，使贪污腐败无处遁形。

"100 块钱标准的招待餐却吃出 200 块钱的感觉，原来是餐厅看人下菜，对特殊的人有特殊的关照。"纪委书记给我说起检查时发现的一个招待所里的猫腻。

他谈道："我们到一个下属单位进行专项检查，大家都感觉到招待所餐厅的伙食不错，当时我还对餐厅经理开玩笑说，吃超了我们也就那么多钱。下属单位的领导也附和说，餐厅可以让 100 块钱标准吃出 200 块钱的感觉。当时大家都当个玩笑话。"

"可是在检查中，我们却听到另外一种反映。有些同志提到，明明是内部招待所，对单位内部人员收费应该优惠才是，可是价钱一点也不比外面便宜，100 块钱标准能吃到 80 块钱就不错了。而且单位指定各种培训会议必须安排在招待所，这不就是在杀熟吗?"

"我们问询招待所所长。他感到很委屈地说，办培训、办会议都是有标准的，经费都是按标准申请的，招待所也是按标准收钱，按标准花钱、没有多赚的空间。"

"检查人员查看账目，所有审批单、报销单、账务手续都符合规范，看不出什么问题。"

"这时我提出，把单位领导出面参加的招待餐，与普通培训和会议的菜单比较一下，看看有什么区别。"

"这一比较，果然发现了问题。从菜单可以看出来，只要有单位领导出面的招待餐，虽然按规定标准要高一点，但菜品的质量和规格明显比标准高出一大截，也远高于普通培训和会议，一看就是给予了特殊的关照，怪不得 100 块钱能吃出 200 块钱的感觉。"

"招待所所长赶忙解释，领导的招待餐，招待的都是单位的客人，吃得好是单位的门面，这样做都是为了工作。"

"可是检查又进一步发现，招待所住宿对单位领导也有特殊关照，有时单位领导来了客人，给所长打个招呼就能直接入住，不登记也不收钱，从账面上查不出任何问题。"

"一个单位的招待所，是最容易产生特权行为的地方，也是最容易查出特权问题的地方。这些年的惩贪反腐，领导干部的特权现象明显减少，但特权思想在一些人头脑中仍然根深蒂固，时不时地会有所表现。"

我对纪委书记讲的事也很有感触，随着正风肃纪持续推进，过去的不正之风得到有效遏制，但其惯性依然强大，一些人思想观念还没有完全转变过来。作风建设只有深入持久地抓下去，保持定力，寸步不让，才能彻底清除各种庸俗腐朽的官场亚文化，不断厚植起风清气正的政治土壤。

"巡视巡察强调'政治体检',检查党委会和支部会会议记录是首当其冲。"纪委书记给我介绍了查看一个单位党委会会议记录的场景。

他说:"党委会会议记录本是党委工作的重要载体,查看党委会会议记录本一般可以了解到这个单位党委工作的基本状况。我带队到一个单位巡察,从党委会会议记录一下查出了多个比较严重的问题,并向党委书记现场作了反馈。"

"我发现几次重要会议讨论决定,都是党委书记先发言,其他委员再发言。我告诉他,这违反了党委书记末位发言的议事规则,说严重一点就是违反了民主集中制原则。按规定,党委书记应该最后一个发言，先发言定了调，别的党委会成员就不好发扬民主了。"

"我发现在研究购买一批信息化设备时，只讨论了大项经费预算的合规性，没有讨论国产化替代相关政策的落实问题，通过进一步查看购买名录发现进口的设备偏多。我告诉他，国家对信息化设备的国产化替代有政策要求，党委没有按照相关政策进行把关，这说明在国家大的政策执行上还不到位。"

"我发现多次干部调整方案，在记录本上没有显示，经过进一步问询，原来是通过领导碰头会的形式讨论研究的。我告诉他，按规定，干部的调整选拔任用方案是必须上常委会的，用碰头会替代常委会是违规行为，有少数人说了算之嫌。"

"我还发现了一些比较常见的其他问题，比如，有的专题学习讨论没有开展，有的常委会和办公会相混淆。"

"通过找出这些问题，总体上可以感觉到这个单位党委工作存在比较大的差距。我们回去后向党委作了专门汇报，之后向这个下属单位提出了正式的书面反馈意见，对全面整改明确了要求。"

听了纪委书记的介绍，我感到党委会会议记录本身就是党委工作的一部分，不仅仅是留下一个记录，更重要的是，可以从中查找分析反思存在的差距和问题，以便更好地改进和提高党委工作水平。

　　"一个领导干部问，巡视组下个月就来了，有很多工作没有落实好怎么办？我告诉他，抓紧时间自我整改，千万不要造假。"纪委书记谈到迎接巡视巡察准备工作中有时会出现记录造假问题。

　　他说："巡视巡察组到一个单位，肯定要查看各项记录，检查重大任务、规章制度、问题整改等工作的落实情况。有的单位对一些没有落实好的工作，就想用记录造假的办法蒙混过关。"

　　"这种行为是用错误来掩盖错误，性质非常恶劣，把一般性工作落实问题，一下变成了对组织不老实、对党不忠诚的原则性政治性大问题。"

"实际上记录造假是很容易查出来的，如果在原来记录中插进去，一看就知道；如果重新抄写，纸张新旧、笔迹一致性程度，对当事人谈话问询，都可以进行查证。而且具体承办造假的工作人员，只是在落实领导指示，一旦查到他自己头上，肯定会如实交代，不会为了领导的错背如此大的锅。"

"从巡视巡察情况看，党支部会议、党小组会议以及学习记录造假经常出现。我们在下属单位查出一起党支部会议记录造假，党支部书记刚开始不认账，找出种种理由辩解，经过进一步查实后，对他不仅按规定顶格作出了处分，还撤销了他的党支部书记和行政职务。"

"一个单位出现一些问题是正常的，问题暴露出来，不能先想着如何掩饰过去，而应以积极的态度正视问题、整改问题，防止新的问题发生。在迎接巡视巡察的准备中，对暴露和发现的问题，最好的处理办法就是主动自我整改，表现出解决问题的真诚态度。"

"巡视巡察的目的是发现问题、解决问题，推动工作。对于已经整改或正在整改的问题，所认定的严重程度肯定要轻许多。"

纪委书记讲的记录造假问题，我时不时会有所耳闻。听了他的介绍，我对记录造假的恶劣性质有了进一步认识。记录造假，从个人的角度看是做人不老实，从组织的角度看则是对党不忠的大问题，这样的事是做不得的。工作中有了问题并不可怕，可怕的是坚持错误、有错不改，在错误的道路上越走越远。

"很快上级党委将对我们单位进行专项巡视，主要针对连续几年重大项目预算执行率偏低的问题。"纪委书记给我谈起专项巡视。

他介绍说："开展巡视工作的党组织根据工作需要，采取常规巡视、专项巡视、机动巡视、"回头看"等方式组织开展巡视监督，必要时可以提级巡视。常规巡视是按规定作出安排、全覆盖式的巡视，相当于全面扫描，全身体检。而专项巡视则灵活机动、内容更加聚焦，是有特定指向和针对性的巡视，相当于有什么问题就查什么问题，进行重点体检。"

"上级党委对我们单位上一次常规巡视，把

重大项目预算执行率低列为整改问题，可一年多时间过去了，当时移交的其他问题都整改完了，问题线索也都查完了，就这个问题的整改还没有落实到位。而且现在对工作不作为的问题盯得很紧，所以上级党委决定专门就这个问题进行一次专项巡视。"

"实际上，我们单位对问题整改是高度重视的，但是有的问题确实一时难以整改到位。比如一个重大科研项目，当时因为急需而上马，可进展到一定程度，发现所走的技术路线已经落后，就算搞成了也没有多大价值。如果项目停下来，前期投入就会打水漂，谁来承担这个责任就是个问题。如果不停下来，大家干也是无用功。因此进退两难之间，这个项目就处于停滞状态。"

"预算管理过去长期存在重申报、轻执行的问题，大家都想多争取一些钱。过去管理不严的时候，钱容易花出去；现在管理严了，钱花不出去，很多钱趴在了账上。我们针对这个问题进行了整改，完善了制度措施，但是要见到效果需要一个过程。"

"这次专项巡视，我们正好可以乘势借力，推动一下这方面的工作，促使大家转变观念，强化科学预算、过程管理和执行落实。"

听了纪委书记的介绍，我感到专项巡视是对症下药，对于解决突出矛盾和问题具有很强的针对性和震慑力。常规巡视和专项巡视相结合，可以形成一个发现和解决问题的有效闭环。

"每次巡视巡察都会发现一些问题，对这些问题都是怎么处理的?"我问纪委书记。

他回答："巡视巡察只发现问题不办案，主要盯的是两头，一头是检查发现问题，一头是督查问题整改。问题的全面整改是由被巡视巡察单位的党委负责，而涉嫌违纪违法问题线索的调查处理由纪检监察机关负责，党建和干部使用方面的问题由组织部门负责。"

"巡视巡察查出的问题主要有三大类：第一类是立行立改的问题，一经发现很快就能完成整改，这一类算比较轻的问题。第二类是全面整改问题，具有一定的普遍性或复杂度，需要一些时间调查处理和整改。这一类问题的严重程度又重了一些。第三类是问题线索，有初步证据表明涉嫌违纪违法，需要移交纪检监察机关进行查处，涉及单位领导还会往上一级移交，这是问题最为严重的一类。"

"对巡视巡察中发现的问题，巡视巡察组要向同级党委作专门报告，然后将问题正式移交给被巡视巡察单位党委，督促建立整改问题清单、任务清单、责任清单，拉单列表形成'台账'，整改完成一项，经查验合格后销掉一项。"

"而且整个问题整改都有明确的时限要求，巡视办巡察办和上级纪委都会适时对账督促，所以巡视巡察之后问题整改的任务很重，压力很大，做好'后半篇文章'需要付出非常艰苦的努力。"

我本以为巡视巡察期间的工作任务是最重的，没想到这才是预热，巡视巡察之后问题整改的任务才是最重的。只有全面彻底地完成整改任务，巡视巡察才能充分发挥出强大威力。

"纪委在党委领导下开展工作，监督执纪的独立性、自主性如何得到保证？"我针对大家反映较多的纪委同级监督难，向纪委书记提出这个问题。

他回答："确切地说，纪委是在同级党委和上级纪委的双重领导下开展工作的，哪项工作以谁领导为主都有明确具体的规定，而且还有相应的制度机制作保证，所以说纪委监督的独立性、自主性已经大大增强。"

"最近，组织人事部门送来一批准备提拔使用的干部名单，党委书记、副书记已经审阅，准备上常委会研究。按规定，上会之前，先要由纪委审核把关。"

"纪委根据掌握的干部廉政情况，对多名干部提出暂缓使用的建议。有的是因为涉及违纪线索没有查结，有的是因为受到处分，影响期还没过。纪委不仅对干部的提拔使用，而且对干部的选优评先、晋级奖励、职称评定等很多方面，都有实质性的审核把关权力。"

"同级党委虽然对纪委有领导权，但是在查办案件等方面，是以上级纪委领导为主。而且按规定，如果收到对党委主要领导的举报，以及一些特定问题的调查处理情况，都必须报上级纪委。这都从制度机制上有效保证了纪委监督执纪的相对独立性。"

听了纪委书记的介绍，我感到纪委的双重领导体制，具有一定的独特优势，既可以融入同级党委的工作，又可以在纪委工作体系的支撑下相对独立运行，有利于单位各项建设与党风廉政建设相互结合，可以更好地发挥出纪委监督执纪问责的作用。

"一个单位的纪委监督这个单位的领导，说起来简单，做起来不易。"纪委书记对我说。

他讲了一个事例："纪委调查一个违规发补助问题时，发现单位某副职领导涉嫌其中。他曾带队对某些客户提供技术维修服务，收了一些用现款支付的服务费用，客户也不需要发票。因为工作非常辛苦，加班比较多，他们把钱违规发放了补助。"

"调查人员不敢找这个领导了解核实情况，因为该领导是单位党委常委成员，对调查人员的职务晋升、奖励加薪有很大的话语权，所以担心以后被'穿小鞋'。"

"而且调查过程中，具体承办的干部表示愿

意承担主要责任，接受组织处理。调查人员向我请示，单位副职领导一般不管具体事，没必要被追责，把承办的干部作为主要责任人作出处理也说得过去。"

"我提醒调查人员，这种做法会有找'替罪羊'之嫌，不管追不追责都应向副职领导了解核实情况。比较稳妥的做法是，先让具体承办人讲出实情。"

"我带着调查人员直接找到那个承办的干部问询。他解释说，因为发补助的事是他提议的，副职领导以为符合政策就同意了。"

"我提出质疑，在当前全面从严治党形势下，副职领导不可能不知道这是违规行为。我告诉他，对副职领导的处分权限在上级党委，我们只是初步调查。下一步，上级党委还会派人来调查核实，他如果现在不说实话，到时候查出实情，很可能会害了副职领导，同时对提供虚假情况的人，还会加重一等处罚。"

"听我这么说，他口气变得犹犹豫豫，在反复权衡之后讲了真相。原来，发补助的事确实是他提议的，当时副职领导知道违规，想让他把钱交到财务。但是在他劝说下，领导考虑大家工作确实辛苦，于是同意把钱发补助了。后来他觉得对不起领导，就想把责任揽过来。"

"了解到真实情况后，我找副职领导进行核实。他很配合我的调查，承认当时心一软就同意了，并表示作为带队领导，愿意承担主要责任。"

"后来，副职领导受到党内警告处分，那个承办的干部受到诫勉谈话。"

纪委书记讲的这个案例，是比较典型的。随着上级对领导干部"关键少数"监督的不断加强，同级监督与上级监督相互结合，形成合力，可以比较有效地解决同级监督难的问题。

"我提醒他们别忘了自己作为党支部书记的身份，抓党建与抓业务一样，都是应尽的责任，不能顾此失彼。"纪委书记给我介绍了到一个业务单位调研党建工作时的情况。

他在这个业务单位发现，大多数科室主任同时兼任着党支部书记，主要是业务干部出身，专业能力很强，但是党务知识欠缺，有些同志把党务当成负担，特别是忙的时候不管不顾。虽然他们是党员，但是党员的意识淡薄；虽然他们有党内职务，但是常常忘了自己在党内的身份。

他还发现，有些科室连最基本的党支部制度都不落实，该开支委会的时候用行政会代替，党日活动由组织文体活动代替，政治学习就是念念文件、报纸，工作报告、民主评议、组织生活这些基本制度都是落空的。有的科室主任甚至说，这是业务单位的特色，走到哪都一样。

纪委书记对我谈道："当时提醒他们，在党就要言党，既然当了党支部书记，就要牢记自己在党内的身份，负起抓党建的责任。实际上，抓业务与抓党建完全可以融合在一起，作为单位建设的整体同时部署、同步推进。如果搞成了两张皮，自然是相互打架，成了负担，而且影响党建的质量。"

纪委书记提醒的问题具有一定的针对性和普遍性，如果党员干部心中无党，党的组织功能必然软弱无力，党的凝聚力战斗力必然受到削弱。

"业务部门抓业务，纪委抓纪律，怎么出了违纪问题对业务部门领导追责却更重一些？"纪委书记告诉我，常委会在研究一个业务部门领导追责问责意见时，单位一名副职领导对纪委的建议提出这样的质疑。

他介绍说："这位领导刚从高级工程师的业务岗位升任到单位副职，对领导干部'一岗双责'不太了解。'一岗双责'就是一个领导岗位上要承担两个责任，既要对业务负责，又要履行分管领域的党风廉政建设责任。作为领导干部，应该把党风廉政建设与业务工作一同研究布置、一同检查考核。党中央和党规党纪都对落实'一岗双责'有明确要求。"

"被追责的业务部门领导，重业务轻党建的问题比较严重，他负责的部门，支部建设软弱无力，很少组织学习教育，业务人员纪律意识薄弱，频繁发生虚报冒领问题，特别是出现了多人私分'小金库'的严重违纪违法问题，主要责任人被留置，这都说明'一岗双责'的党风廉政建设责任没有落实到位。"

"我向单位副职解释了'一岗双责'和提出问责建议的理由，同时查找了纪委监督不到位的责任，得到了他的认同和理解。他表示，在单位副职的领导岗位上，将自觉落实好'一岗双责'，既要抓好分管的业务工作，也要抓好分管领域的党风廉政建设，两手都要抓。"

听了纪委书记的介绍，我了解到"一岗双责"是党风廉政建设责任制的一项重要制度，要求各级领导干部同时承担业务工作和党风廉政建设的双重责任，坚持两项工作同时抓，推进单位建设全面健康发展。

> "纪委给党委提出了一个问责建议，免去某下属科研单位'一把手'职务并给予纪律处分。"纪委书记告诉我，现在对党员干部的问责越来越精准。

他介绍说："这个单位在接受上级常规巡视时，暴露出党风廉政建设十分薄弱的问题。单位大部分科室存在违规虚报套现、乱发科研补助问题，有的科研项目外包搞利益输送，固定资产管理也很混乱。"

"纪委讨论对这个单位'一把手'的问责意见时，一致认为应该问责，问责条例对此类情况有明确规定，没有讨论的余地。"

"但是对问责尺度的把握，特别是要不要免

职，大家争论很大。反对的意见认为，这个单位'一把手'本身是专家型领导，近年来组织科研攻关取得很多成绩，而且工作兢兢业业，自身也很廉洁。这次问责，处分肯定少不了，再免去他的职务就有点重了。"

"赞同免职的同志认为，这个领导同时也兼任党支部书记，对单位党风廉政建设负有第一位的责任。他管业务是合格的，但抓党建却不称职。作为党支部书记，他对下属的问题不敢批不敢管，对歪风邪气不愿旗帜鲜明作斗争，'老好人'思想严重，所以应该对单位出现的问题负有主要领导责任。"

"我了解这个单位'一把手'，也很敬重他的能力水平，从内心来说也不愿看到他受到处理。但是，不管情愿不情愿，我既然在纪委书记的岗位上，就必须履行执纪的责任。"

"而且，我们提出的问责意见，是以相关规定为依据。这个意见，在经单位常委会研究讨论之前，还要经上级纪委相关部门审核把关。常委会研究之后，还要报请上级纪委审核和上级党委批准。所以，我们要做的只能是依规依矩，精准问责。"

"问责建议是否适当，实际上也是对我们纪委执纪水平的一个检验，过轻不行，过重也不行，否则也过不了多道关口。"

以前，我认为纪委问责的权力很大，弹性也很大，容易被滥用。听了纪委书记的介绍，我了解到，问责有严格的规定要求，也有严格的审核把关，精准问责才应该是纪委工作的常态。

　　"纪委的内控机制是完善有效的。"纪委书记介绍道。他说："纪委设有专门的纪检监察干部监督部门，主要任务就是对纪检监察系统干部进行监督管理，包括受理信访举报，查处问题线索，监督检查干部选拔任用。他们的作用，平时可以防止'灯下黑'，出现问题时可以严惩'内鬼'，清理门户。"

　　他讲了一个事例："前不久，正是在干部监督部门建议下，我们纪委对一个纪检干部给予处分并调离纪检岗位。这个干部私自将审计移交的一个违规套现问题线索仅作整改处理，没有对线索调查追责。线索管理部门发现问题后，由干部监督部门深入调查，进一步发现违规套现当事人曾是这个纪检干部的老领导，于是他想要大事化小、小事化了。干部监督部门在查清事实的基础上，对他提出了处理建议。"

"干部监督部门一般都要定期或根据情况了解各方面对纪检监察干部的意见，每次都能发现一些问题。比如，有的干部自以为是，说话口气很大，态度蛮横，张口闭嘴要查这查那；有的在检查中有选择性地查找问题，查得严一些细一些，还是松一点粗一点，不是一把尺子，而是凭自己的好恶。对这些问题，程度轻的会进行谈话提醒，程度重的会提出调离纪检岗位的建议。"

"纪委的同志经常找别人谈话了解情况。同样，干部监督部门的同志也会时不时找我们纪委的同志谈话了解情况，日常的管理和监督盯得很紧。我也被人捕风捉影地举报过，上级纪委干部监督部门还专门派人来调查过我。明知道被人诬陷，我还不得不委屈地接受谈话询问，写情况说明。这种接受监督的压力，对纪检监察干部来说是始终存在的。"

从纪委书记的交谈中，我了解到，纪委的干部监督部门是把"对监督者的直接监督"和"监督的再监督"作为职责定位，既监督干部，也监督工作。纪检监察干部在监督别人的同时，自身也在严格的监督之下，在党内不存在脱离监督的法外之地。

"纪委监督别人，可谁来监督纪委？你们纪委在外人的眼中看起来是很'牛'的。"我一直以为纪委权力很大、很厉害，于是带着困惑问纪委书记。

他回答："你别开玩笑了，纪委哪有你说得那么牛？因为纪委是监督权力运行的部门，监督的对象以领导干部为主，所以在外人眼里感觉权力大一些。实际上，纪委与其他任何部门一样，只能在法定范围内行使权力，之外与大家都是一样的，谁也不敢越过红线一步。"

"纪委是在同级党委和上级纪委的双重领导下开展工作的，领导的本身就包含着管理和监督。双重领导的相关制度，明确了同级党委和上级纪委对纪委领导的内容和要求，规定了纪委向同级党委和上级纪委报告的事项和情形。这样的双重领导体制，意味着纪委要在双重领导的管理监督下进行工作。"

"对纪委的监督首先来自同级党委。党委落实全面从严治党的主体责任，本身就包含着对纪委的领导、管理和监督。按规定，党委要定期听取、审议同级纪委的工作报告，加强对同级纪委和所辖范围内纪律检查工作的领导，检查其监督执纪问责工作情况。同级党委与纪委的距离最近，对纪委的监督更为直接和经常。每一次在常委会研究审议纪委工作有关议题时，我都会认真准备，格外谨慎，因为会上常委成员可能随时提问和质询。"

"对纪委的监督从业务层面讲主要来自上级纪委。按规定，纪委的监督执纪工作以上级纪委领导为主，线索处置、立案审查等在向同级党委报告的同时应当向上级纪委报告。纪检监察系统有一整套比较完善的请示报告、审批备案、线索管理、监督检查、审查调查、提级办理、审核审理等机制，上级纪委的监督指导是很具体很系统的，纪委权力是在严格的监督体系下运行的。"

"我们单位最近正在准备接受上级党委的巡视，巡视组专门安排了上级纪委的同志，他们的任务主要就是来检查我们纪委工作的。所以这段时间，我们正忙着进行自查，所有办过的案子都要从头到尾梳理一遍，看看有没有违规和存在问题的地方，能纠正的抓紧时间纠正，能整改的尽早进行整改。"

从纪委书记的介绍中，我对纪委的双重领导体制有了进一步了解。领导之中有监督。纪委是在同级党委和上级纪委领导之下，同时也是在监督之下开展工作的。那些把纪委想得很"牛"的人，是不了解纪委。不了解就会有误解，增加了解才会更加理解。

"作为一名普通群众，怎样举报才能最为有效？"我知道基层单位的纪委至少一半精力都用在处理信访举报问题，纪委书记负责处理过大量的信访举报，于是对他提出这个问题。

他回答："首先应该明确，在全面从严治党的大形势下，信访举报的地位作用十分突出，既是群众监督、反映问题的重要渠道，也是纪委获取问题线索的重要来源，当前从上到下对信访举报都非常重视，这是其发挥更好作用的基本前提。"

"信访举报的处理有专门的职能部门负责，有一整套严密规范的制度机制作保证，受理了以后由谁负责办理、怎么办理、多长时间内办理、如何调查核实、办理结果如何反馈、办完后能否了结，都有明确具体的规定和流程。所以，群众对信访举报认可度越来越高，这是值得信任的一个渠道。"

"从纪委工作实践来看，举报质量的高低直接影响举报的效果。高质量的举报，一般可信度可查性都比较强，效果就会比较好。而大部分的信访举报质量比较低，是无效或低效举报，自然效果不太好。如何提高举报的质量和效果，具体来说，有几个方面的问题是需要注意的。"

"一要看举报的问题是否符合受理范围。纪委监委所属的信访部门对举报受理的范围有明确规定，符合范围的予以受理，不符合的不予受理。有些信访举报把应该向其他部门反映的问题拿到纪委来，显然是无效举报。"

"二要看举报的问题法纪依据是否充足。既然是举报，就要研究搞清举报的对象违反了什么法纪条文和制度规定，这些都是可以从政府网站及相关案例中查询到的。由于举报的问题涉及面很广，纪委不可能对各行各业的法规制度都熟悉。这些法纪依据对于纪委把握和处理举报问题是有效的引导和参考。"

"三要看举报的问题事实和证据是否扎实。这是最为关键的一点。有些信访举报，或者是情绪化的宣泄，或者是空泛的指责，或者是自己的臆测，或者是上纲上线的'扣帽子'，缺乏实质性的内容。一个高质量的信访举报，一定要事实清晰，有可查性，时间、地点、人物、经过、情节越具体越好，能够证明事实存在的人证物证旁证越充分越好。事实和证据是纪委处理举报问题的核心要素。"

"四要看是否是实名举报。纪委对实名举报更为重视，按规定对实名举报优先办理、优先处置，对是否受理和办理结果都要给予答复。而且对举报人有保密的责任和义务。实名举报的效果要远好于匿名举报。"

听了纪委书记的介绍，我感到信访举报是一件很严肃的事情，必须认真对待，实事求是。只有以法纪为依据，用事实来说话，才能更好发挥出信访举报的监督震慑作用。

"举报就应当举证，这是责任，也是义务。"纪委书记跟我聊起一个职工举报食堂管理员的事。

他说："这个职工对食堂的饭菜质量很不满，他的老婆和女儿还因为服务员的态度问题大吵了一顿，当时就扬言要投诉在场的食堂管理员。"

"没想到他找到了纪委，告食堂管理员收了供应商的好处。信访接待人员问他，有没有具体的事实和证据？他回答，饭菜质量差就是证据，你们只要去查，保证一查一个准。"

"信访人员告诉他，饭菜质量差很可能是食堂管理问题，也可能是厨师水平问题。既然举报食堂管理员收了好处，是不是看到他和供应商在一起吃过饭？或者逢年过节收过礼？总要有一点根据吧。"

"职工声称他只负责提供线索，调查取证是纪委的事，个人哪有力量去调查，否则要纪委干什么？"

"信访人员解释，线索是要有一定事实和证据支撑的，否则就不叫线索，而叫猜测。举报的同时也要举证，只有提供有价值的线索，纪委才有可能顺藤摸瓜，进行深入调查取证，找出更多说明问题的事实和证据。"

"信访人员给他介绍了相关规定，纪委对无凭无据的举报是不予受理的。如果告谁查谁，不仅容易被别有用心的人利用，导致不负责任地乱告诬告，败坏社会风气，而且还会造成纪检资源的虚耗、浪费甚至滥用。"

"信访人员还告诫他，如果捏造事实、陷害别人会构成诬告陷害罪，是要负法律责任的。在无凭无据的情况下举报别人，别人再反过来告他个诬告陷害罪，那时候恐怕伤害的是自己。"

"信访人员最后建议他，饭菜质量差、服务态度差，可以到相关的管理部门去投诉，是什么事就解决什么事。"

纪委书记讲的事例具有一定代表性，认为自己告了，纪委就应该查，调查取证是纪委的责任。这个想法实际上是个误区。举报是件非常严肃的事，只有举报的同时承担举证责任，才能更好地得到纪委的支持和回应。

"每到领导干部选拔时，就会收到匿名举报信，提谁告谁。" 纪委书记给我讲了一个单位的怪现象。

"匿名举报有用吗？" 我问纪委书记。

他回答："匿名举报对领导干部选拔会带来一些困扰。如果置之不理，真有问题的话，就会出现带病提拔。可调查核实是需要时间的，这样被举报的干部很可能先放一放，等查完了机会也错过去了。"

"过去有段时间，确实有一些干部因此受到影响。那时候刚对贪腐高压严打，有问题的干部比较多，所以举报的真实性可靠性程度要高一些。"

　　"经过这些年铁腕治理，越来越多的清正廉洁干部走上了领导岗位，匿名举报的真实性可靠性大大降低。有些别有用心的人为了达到自己的目的，不惜编造事实，构陷诬告。"

　　"实际上，这些匿名诬告的举报信，往往漏洞百出，缺乏证据支撑，大多很快可以得到核查证伪，对领导干部的选拔任用没有太大影响，但是对单位风气的影响却很坏。"

　　"纪委鼓励和保护实名举报，只要是实名举报，都会得到重视。匿名举报，如果事实清楚、证据确凿，也是值得肯定的，许多有效的线索就是这样提供的。"

　　"但是匿名举报，也容易被别有用心的人利用，他们捕风捉影，故意歪曲夸大事实，甚至捏造事实，诬告陷害，使同志之间缺乏信任，相互猜忌，把好好一个单位变得乌烟瘴气。"

　　"正因为如此，纪委对诬告问题，查处打击的力度越来越大，绝不能让这种歪风邪气滋生蔓延。"

我从纪委书记的介绍中进一步加深了对纪委处理举报问题的了解，知道匿名举报有积极作用，但也容易被别有用心的人利用，所以对匿名举报必须扬善抑恶，扶正祛邪。

第七章

办案斗智更要斗志

"大案要案的查办是纪委工作中最难啃的'硬骨头'，一般情况下纪委都要组织专案组重点攻关。"纪委书记给我介绍这一项似乎很神秘的工作。

他谈道："去年，上级纪委采取异地办案的方式，将一个大案的办案点放在我们单位，同时还抽调了我们多人参加。由于大案要案的当事人一般在当地是有权有势的人物，关系网复杂，异地办案有利于排除对办案的各种干扰。"

"专案组集中后的第一件事，就是成立临时党支部。由于专案组人员大多来自不同单位，接触社会面广，而且处在审查调查第一线，执纪执法权力比较大。成立临时党支部，可以迅速地将人员置于组织的监督管理之下。这就如同过去战争年代,分散的人员集中起来成立一个临时党组织,马上就能形成一个战斗的集体。"

"临时党支部组成后的第一件事,一般是组织办案组成员学习培训,熟悉政策法规,搞清办案程序,明确纪律要求。这些年,党风廉政建设的政策法规以及查案办案的规定要求基本上都是新制定修订的,而且参加专案组的大多是年轻同志,能力水平参差不齐,实际上学习培训的任务还是比较重的。"

"专案组工作展开后,一般每隔几天甚至每天都要召开一个碰头会,组长和各小组一起汇总分析情况,跟进掌握进展,研究重点难点,及时发现和解决存在的问题。这样不仅可以起到督促推进的作用,还可以有效防止办案人员以案谋私。"

听了纪委书记的介绍,我对查办大案要案专案组的工作,神秘感顿时少了许多。专案组不会因为查办大案要案就有特别的权力。相反，正是因为其特殊性，对查案办案的规范性和纪律性有着更高要求。

"查案办案中谈话取证是重中之重，最难的是突破审查调查对象的心理防线，让他主动开口交代。"纪委书记介绍说。

他讲到一个事例："有一个器材采购管理部门的领导，贪污受贿时的防范意识非常强，都是在自认为安全的时候才敢收钱收礼。他在留置前早有预感，偷偷转移隐匿了财物，将过去与行贿人联系过的手机卡全部销毁，微信聊天记录全部删除，提前做好了应对审查调查的心理准备。"

"他在留置后接受审查调查时，一口咬定因为拒绝采购一些商家的器材，才有人故意举报他；对银行卡上超出正常收入的大额存款，辩解说是岳父母给的；对各项指证，要么矢口否认，要么避重就轻。"

"办案组为了找到有效的突破口，对他的情况进行了全面分析，发现他除了信任家人，对其他人一概不信。这种情况下，他辩称银行卡上的大额存款是岳父母给的，很可能是作过串供；他转移的财物，也可能隐匿在某个亲戚那里；有供应商举报说，他曾和他老婆一起收过钱物，这说明他老婆也参与其中。集中力量把这几件事查清，很可能就找到了突破口。"

"顺着这个思路查下去，果然发现，他岳父母虽然承认给了许多钱，但对给钱的具体情形和来源难以自圆其说；他与姐姐的关系最为亲密，转移的财物藏在了其姐夫的父母家；他老婆的供述虽然在掩藏真相，但暴露出了很多破绽和漏洞。"

"当这些信息通过办案人员反馈到他那里，让他意识到对抗审查调查的行为，保护了自己，却坑害了亲人。这时候他心理开始发生变化。"

"办案人员抓住时机做他的工作，他终于开

口交代，通过趁热打铁连续讯问，基本还原了事实真相，形成了完整的证据链条。"

他总结说："正常情况下，审查调查对象都会有防御心理，谈话取证实际上就是突破一道道心理防线的过程。"

纪委书记讲的这个案例，让我感受到，查案办案实际上是在与审查调查对象斗智斗勇，不仅要靠纪法的威严，还要靠头脑和智慧。查案办案的攻坚战，打的也是突破审查调查对象的攻心战。

"腐败案件中权钱交易直接被查出来的占比很大，而权权交易则很少。查出来的权权交易，主要是'小圈子'的人被抓后交代的。"纪委书记给我讲了一个他在查处腐败案件时发现的现象。

他说："权钱交易相比权权交易更容易被发现，也更容易被认定。钱是有形的、可衡量的，收钱办事是有形的受贿行贿。查清钱就能掌握交易证据，认定贪腐事实。通常情况下，受贿行贿钱的多少就意味着违纪违法的严重程度。"

"权权交易则是比较隐蔽的贪腐手段。掌握权力之人，在权力影响范围之内，你为我办事、我为你办事，双方都可以打着工作的幌子，按照合法的程序办成事情，完成利益交换。"

"比如，某 A 领导委托 B 领导为他的亲属承揽工程开绿灯，B 领导把事情办成后没有收任何好处。A 领导再利用自己的影响力投桃报李，在 B 领导仕途晋升上面给予关照。整个过程中双方都利用自己的权力为对方谋取利益，没有留下任何违纪违法的证据。当事人如果不交代，是很难查出来的。"

"权权交易本质上与权钱交易、权色交易一样，都是以权谋私、以权谋利。但是权权交易不仅隐秘难查，而且对公权力的危害性更大。在权权交易中，从干部任用调动的人事权，项目招标和物资采购的审批权，到经费管理使用的各种财权，甚至执纪执法的监督权，都可以拿来交换谋取利益。这种腐败的滋长蔓延，会导致公权私用的互补、整合和结盟，腐败分子利用'小圈子'抱团取暖，造成政治生态整体恶化。"

与纪委书记交谈，我也深切感受到权权交易

的巨大隐忧。随着反腐败斗争的推进，权钱交易受到明显遏制，权权交易成为新型腐败和隐性腐败滋生蔓延的重要方向，对此必须引起高度重视，拿出"魔高一尺、道高一丈"的有力之举。

"某落马干部交代，虽然给他送钱想办事的人不少，但最后真正能办成的事也就十之一二，即使这样还是有人愿意送。"纪委书记有机会经常和腐败分子交流，他给我介绍了一个腐败分子对于受贿的感受。

纪委书记说："这个人可不是随便一讲，他的话是有一定依据的。腐败分子尽管爬到一定位置，掌握一定权力，可想要违规办成一件事情，也不是那么容易的。"

"这个人所管辖的部门每年都有一定的设备器材采购量，他成了供应商争相巴结的对象。不仅逢年过节经常有供应商给他送钱送礼联络感情，招标采购的关键时候，更是加大对他的攻势。"

"可是，不管公开招标还是直接采购，都要符合一定条件，走一定程序，他虽然在其中的话语权比较大，但毕竟不是想怎么办就怎么办。经过选择和淘汰，最后入局的只能是个别的供应商。"

"按照此人的辩解，他收钱收礼，其实大部分时候都是心虚的，知道事情一般成不了。但有的供应商还是盯着他不放，他想要拒绝也拒绝不掉，只能答应尽力试一试。"

"这个人认为，很多人对当领导的有误解，好像到了一定位置就无所不能，管辖范围内打个招呼就能办成事。他从来没有故意欺瞒过别人，可总有人相信只要把钱送到位了，就没有办不成的事。"

纪委书记讲的案例具有一定典型性，腐败分子受贿往往就是一些行贿者对领导能办成事有着盲目信任。受贿和行贿是一体两面，抓受贿也应该抓行贿，只有受贿行贿一起查，才能从源头上铲除腐败问题滋生的土壤和条件。

"纪委查案找知情人问询，如果不配合，会有什么后果?"我问纪委书记。

他回答："纪委为了查清一个案子，特别是复杂的案子，需要找许多证人和知情人调查询问。这些人一般情况下都比较配合，但也有少数人很抵触，以各种理由拒绝调查。"

"我们留置的一个涉案人员曾通过某私企财务走过一笔账，调查人员找到公司，老板表示愿意积极配合，当场打电话联系会计，可会计却以出差在外为借口躲避见面，像是在和老板演双簧。调查人员回去后，又电话联系了几次，都说会计不在。"

"调查人员再次找到公司老板，向他出示了

以监委名义下达的询问通知书，同时依据相关法律规定告诉他，对于纪检监察机关依法了解情况，应当如实提供，如果拒不配合或阻止会计提供证据，将把走账的事交由相关主管部门处理。"

"公司本来就是帮助那个留置人员虚构了一笔交易，从中赚了几个点的钱。老板担心事情弄大，虽不情愿但还是如实提供了情况，并让会计拿出了走账的相关证据。"

从纪委书记的介绍中，我了解到，法律上对于配合纪检监察机关调查询问是有要求的，知道情况的人都有义务如实提供。同时，对于拒不配合的几种具体行为也明确规定，由其所在单位、主管部门、上级机关或者监察机关责令整改，依法给予处理。

> "数字货币的推行一定会成为反腐败的利器。"纪委书记说。我知道他一直对运用技术手段反腐很关注。

他介绍道："发放数字人民币的试点已在多地推开，数字人民币的普及将不断拓展，这意味着在未来的反腐败斗争中，将迎来一种前所未有的全新工具和强大手段。"

"数字人民币具有高度的可控性和可溯源性，可以追溯所有的交易历史，每一笔资金的流向都在监控之中，对于财务往来的违法行为和不正常的资金变动都可以记录下来。所以，数字人民币的推广，必将极大提升反腐败工作的水平。"

"特别是数字人民币能够较好地平衡财务监管与保护个人隐私的关系。一方面所有的资金活动对监管方是完全透明的；另一方面资金活动又是可控匿名的，个人信息在正常情况下受到严格保护。这一点非常适合反腐败斗争的实际需要。"

"当然，反腐败斗争是一项系统工程，推广数字人民币只是一个方面，只有综合运用多种手段，一体推进不敢腐、不能腐、不想腐，才能从根本上形成治理腐败的长效机制。"

纪委书记对数字人民币反腐的期待，也是我们共同的期待。相信随着数字时代的到来，腐败活动的空间将受到极大压缩，反腐败斗争的成效也将得到极大提升。

"不法商人大规模地用假公章、假文书骗取信贷，难道银行发现不了？"我看到网站上曝光的某地金融腐败重大案件，带着困惑问纪委书记。

这起案件中，不法商人为了能够满足信贷条件，专门设立了研究如何造假的"技术处"，制作假公章，伪造文书材料等，还成立了若干空壳企业，由这些企业互相担保，编织出虚假的会计报表。我想不通的是，银行内部对信贷有着严格的审核把关，必须经过一系列审批程序；外部有着监管部门的严密监督。如此层层设防，大量的假文书仍然一路畅通无阻，所有关口竟然全部失守，这背后究竟有着怎样的黑幕？

　　纪委书记回答："这种情况一般都是不法商人系统性地打通了信贷链条各个关口的关键人物。从银行借出贷款，通常会面临贷前调查、贷中审查、贷审会、贷后管理、外部检查等关口。不法商人要想成事，关键在于两点。一个是把自己伪装和打造成合格的借贷者。他的'技术处'干的就是这件事，贷款需要什么条件就能创造什么条件，需要什么文书就能伪造什么文书，只要表面上看不出来，就可以用来掩人耳目，蒙混过关。再一个是'围猎'和行贿各个关口的关键人物，让他们对那些'符合条件'的借贷给予特殊关照，只看表面'合法合规'，不做背后实质核查，睁一只眼闭一只眼，假公济私，一路放行。"

　　"这起金融腐败案件的突出特点就是造假和行贿相结合。不法商人不仅造假时胆大妄为，而且行贿时敢于大手笔砸钱。他只是为了收买某地金融系统的公职人员，就对 20 名公职人员行贿了 2 亿多元人民币，平均一人要花 1000 多万元，其中包括多名金融机构'一把手'。案发后，当地政府对金融机构和监管部门领导进行了大范围换血，有100多名公职人员被移送司法机关，各级干部都有。"

"这起案件涉及金额之大，涉及党员干部、公职人员之多真是触目惊心。发现线索后，当地纪检监察机关敢于碰硬，工作有力，集中办案，全面揭开了当地金融腐败的盖子，铲除了一批金融蛀虫，有效挽回了损失。"

纪委书记介绍的情况，让我感受到腐败的可怕和可恶，同时也感受到纪检监察机关敢于亮剑、切除毒瘤的斗争精神和强大力量。惩处腐败只是"上半篇文章"。相关方面如何从中吸取教训、举一反三，彻底斩断违纪违法利益链条，应该是深化腐败治理需要做好的"后半篇文章"。

一个接受审查调查的领导干部进到留置室，惊讶地看到桌上竟然摆放着自己的入党申请书。这是纪委书记给我介绍的一幕情景。

他告诉我："这些留置对象虽然看到自己的入党申请书有些感触，实际上对当初写了什么，早已忘得一干二净。留置一开始，通常都会安排学习，学党章党规，学法律纪律，重温入党誓词和入党申请书，目的就是要唤回他们的党性和良知。让他们明白，组织对他们的留置不仅是在办案，而且仍然把他们当作同志对待，争取挽救他们。"

"留置能不能达到预期效果，他们的态度至

关重要，这不仅关系办案的结果，也关系处理的结果。当留置对象刚刚进到留置室，思想一定在作激烈的斗争。这个时候，需要一定的思想工作引导他们尽快面对现实，认识到端正态度、积极配合调查才是唯一正确的选择。"

"按照我们的经验，只要一开始就知错认错，主动配合组织交代问题，后面的事进展通常都比较顺利。办案人员要让留置对象感受到组织的善意诚意和良苦用心。"

从纪委书记介绍的情况，我了解到纪委办案是有温度的，他们要贯彻惩前毖后、治病救人的方针，尽可能挽救同志，实现政治效果、纪法效果和社会效果相统一。

　　"为何反腐反了这么多年，反腐力度如此之大，被抓的腐败分子没有减少，还依然'前腐后继'、贪腐不绝？"我听到有人议论这个问题，于是向纪委书记提了出来。

　　他回答："确实社会上有一些越反越腐的议论，有人只看表面现象，不看问题实质，很容易带偏节奏。"

　　"反腐反了这么多年，依然抓出如此多的腐败分子，这是客观事实。'多'只是表面现象。为什么'多'？是因为过去犯的事查出来被抓，还是因为新犯的事被抓？如果前者'多'，恰恰是反腐力度持续加大的结果，说明反腐成效显著；如果后者'多'，说明要在制度机制上查找原因，堵塞漏洞。"

"我们对某单位的案例作过一个初步分析，把党的十九大后新增案例，从发生时间和涉案金额上作了一个数据分类，党的十八大前为一组，党的十八大到十九大期间的五年为一组，党的十九大后到二十大期间的五年为一组。把三组数据进行比较，发现呈现出逐个阶梯急骤下降的趋势。"

"这三组数据的比较表明，党的十九大后新增案例虽然不见减少，但其中，党的十八大前所犯的事最多，之后的五年明显下降一个档次，党的十九大之后的五年又明显下降一个档次。这个下降趋势是持续高压反腐和完善党和国家监督体系同时发力的结果。"

"当然，各个行业系统、各个单位的情况是不平衡的。从国家层面来讲，反腐败的压力是从上到下、从政府向各行业领域不断传导和深化推进的，不同阶段有不同重点。所以，呈现出每过一段时间就有某行业某领域腐败相对集中暴露的特点，但新增腐败总体下降的趋势并不会因此而改变。"

纪委书记的分析，我认为很有道理，对于反腐不断新增的案例，要透过现象看本质。随着反腐败斗争深入推进，过去长期形成的腐败问题还在不断暴露，新发问题虽然受到有力遏制，但也会时有发生。只要保持定力，坚持不懈地抓下去，就会迎来大家期待的风和日丽、海晏河清。

"行业领域的反腐败一定是难打的攻坚战持久战。"纪委书记深有感触地对我说。

他谈道："党的十八大以来的反腐败斗争，是从掌握公权力的党政机关开始的，以党员领导干部为重点，全面向各个行业领域拓展、深化和延伸。从反腐败进展情况看，一些重点行业领域的反腐败，不断向纵深推进。"

"行业领域的腐败是整个腐败问题的一部分，根深蒂固，由来已久，特别是权力集中、资金密集、资源富集的行业领域更为严重。所谓有油水的地方最容易滑倒。比如，管钱管信贷的金融行业，垄断性的建投、能源、电力、烟草、粮食行业，与老百姓生活息息相关的教育、医疗行业，等等。"

"这些行业领域的相关企业和机构的领导干部直接掌握着稀缺的市场资源，直接参与到各种利益往来和经济活动之中，直接与形形色色的利益关系人打交道，最能体会到手中权力的市场价值。这些权力一旦缺乏监督和管理，就容易导致权力寻租、以权谋私、权钱交易等各种腐败行为。"

"行业领域的腐败往往是与其业务工作结合渗透在一起的，有较强的行业壁垒和专业性，而且利益链条关系纷繁复杂，这些都大大增加了监管和查处问题的难度。"

"比如，医药领域的利益链条中，医院和科室对医疗器械和药品采购拥有很大的选择权，医生对医疗资源的分配和治疗方案也有着很大的决策权，而最为重要的患者却由于缺乏专业知识处在被动接受的地位。所以，医院每个层级上权力和资源比较集中的地方就容易出现腐败。再加上医院的人员相对稳定，到医院看病的人源源不断，通常情况下医院产生的腐败会有一定的持续性和累积性。因此，医院的腐败一旦曝光就数额巨大，令人震惊。水平高的医院和医生更是属于社会稀缺资源，手中掌握的权力具有更高的含金量，一旦出现腐败，后果和危害往往更为严重。"

"行业领域的腐败都能从这个行业体制机制上找到深层次原因。党和国家对行业领域的各项改革正在不断深化和推进之中。治理行业领域的腐败，是一个标本兼治、系统推进的过程，只有通过改革才能从根本上铲除腐败滋生的土壤，这肯定会有强烈的阵痛。就以医疗行业改革来说，以公益性为导向的公立医院改革已在推进之中。相信随着医疗服务价格、薪酬制度、综合监管、采购制度等一系列改革措施落实到位，医药领域腐败的空间必然会大大压缩，还医院一片'净土'，给老百姓一个放心。"

听了纪委书记的介绍，我感到行业领域腐败问题如同一个个堡垒，有些堡垒还较坚固。推进反腐败斗争，就要一个堡垒一个堡垒攻破、一个顽疾一个顽疾清除，直到取得全面彻底的胜利。

"我担任纪委书记，同时也兼任监委主任，与过去相比，履行职责的覆盖范围更加全面，工作任务更加繁重。"纪委书记给我谈起纪检监察体制改革带来的新变化。

他说："国家深化监察体制改革，成立了国家监察委员会，把过去分散的行政监察、预防腐败以及检察机关的反贪反渎力量整合起来，与中央纪委合署办公，在党中央的直接领导下开展反腐败工作，加强党对反腐败工作的统一领导。"

"相应地，省市县各级都成立了监察委员会。党的各级纪委是党内监督专责机关，所遵循的是党章党规；各级监察委员会是行使国家监察职能的专责机关，所依据的是宪法和监察法。纪委监委是一套工作机构、两个机关名称，'一套人马两块牌子'，同时履行纪检、监察两项职能，在重点加强对党组织和党员干部监督的同时，实现对所有行使公权力的公职人员监察全覆盖。"

"纪检监察体制改革后，我明显感到党委对反腐败工作的集中统一领导大大加强了，纪委统筹协调整合反腐力量和资源的功能也大大增强了，一改过去多头管理、各管各事、职能分散、力量分散的局面。比如，纪委监督依据的是党规党纪，而监察监督依据的是相关法律，合署办公后，可以更好地把纪律手段与法律手段结合起来，灵活组织实施，实现纪法贯通，形成工作合力，为惩治腐败提供重要的制度保障。"

听了纪委书记的介绍，我感到纪委监委合署

办公，不仅职能任务更重了，而且对工作理念、能力素质和思想作风也提出了新的更高标准和要求，意味着在全面从严治党和反腐败斗争中要承担更大的落实之责。

"收到举报或问题线索后，什么情况下纪委可以立案调查？"我知道许多举报人很关心这个问题，于是向纪委书记提了出来。

他回答："关键要看举报所提供违纪事实和证据的情况。纪检监察机关的立案，虽然与司法机关的立案是不同的概念，但同样需要严格的标准和条件。"

"按照相关规定，只有在掌握部分违纪事实和证据，具备进行审查条件时，才可以报请批准立案。"

"所以，接到举报和问题线索后，纪检监察机关首先要根据所提供事实和证据作相应的分类处置。"

"对于明显失实，或者没有可能开展核查工作，或者已了结且无新情况的，会按照'予以了结'的方式处理。"

"对于问题轻微，即使查清也只能轻处分和批评教育的，或者反映问题不实需要组织给予澄清的；或者反映的问题笼统模糊，多为主观臆断、道听途说，难以查证核实的，这种情况一般通过'谈话函询'的方式进行处置。"

"对于具有一定可查性，但时机、条件暂不成熟，比如涉案人出国不回或一时难以找到，这种情况一般以'暂存待查'方式处理，一旦条件具备，马上开展核查工作。"

"只有对于有一定证据表明存在涉嫌违纪或者职务违法、职务犯罪事实，需要追究纪律或者法律责任的，可以按照'初步核实'的方式处理，如果得到调查证实，就应当立案审查调查。"

　　"所以说，正常情况下，举报或问题线索，经过'初步核实'方式处理的，才会进行立案审查。初步核实也不是纪委工作人员随意就能展开的，按规定要依法履行审批程序，批准后还要制定工作方案，成立核查组。只有经过批准，核查组才有权采取必要措施调查收集证据。"

　　从纪委书记的介绍中，我感到纪检监察机关的立案调查权与司法机关一样，同样受到严格的制度约束，必须在依规依纪依法的轨道上正确行使。

"你别看我作为纪委书记，也是被人匿名举报过的。"纪委书记跟我聊起这事，我听了也有点吃惊。

他介绍说："我们一个下属单位与某公司有合作关系，那天我正好去下属单位调研，而公司老总也正好在洽谈业务。当时，我和下属单位领导、公司老总三个人在一起聊了会儿天，一问，那个公司老总还正好是我的老乡。"

"没想到有人利用这件事做文章，把我举报了，中心意思是说我为公司拿到下属单位的项目起了牵线搭桥的作用，具体的时间、地点、人物、事件都有。我们三个人会面的事实是清楚的，我与公司老总是老乡属实，公司拿到项目也是真实的，举报信具有可查性。"

"上级纪委专门派来调查组查了一圈，我专门就此写了说明，当得知我与公司老总只有一面之缘，刚开始还不信。后来稍加调查，证实我与公司老总此前并不认识，只是偶尔见过一面，很快给予澄清。"

"实际上，我被匿名举报并不奇怪，这些年我得罪过不少人，肯定有人心怀不满。我心里也明白，我的言行举止，会有一些人盯得很紧。但我坚信，只要清清白白做人、干干净净做事，怎么告都是告不倒的。"

从纪委书记讲的这件事，我看得出，匿名诬告的成本很小，一旦查起来，耗费的时间、精力和行政资源却不小。纪委之所以对匿名举报同样会认真对待，因为在反腐败斗争形势仍然严峻复杂的情况下，匿名举报仍是获取问题线索的重要途径。

"举报的证据只是微信的截屏，却把一个腐败分子送进了监狱。"纪委书记告诉我由微信牵出的一起腐败案。

他说："记得微信的截屏上有一句话令人印象深刻，'我周末飞到广州吃早茶去。'这个女同志平时总爱在朋友圈里炫耀，如哪个豪华餐厅的美食好吃；买了什么高档首饰；去了什么地方旅游，住的还是五星级宾馆；等等。这样的生活工薪阶层怎么可能承担得起？有人从微信上截屏当作线索举报到纪委。"

"纪委收到举报提供的情况，发现她的丈夫作为一个装备器材管理部门领导，经常热衷于参加企业安排的各种活动，与个别老板私下打得火热，在负责采购过程中存在利益输送行为。从微信截屏入手，按图索骥，竟然牵出了这背后的腐败。"

"腐败分子大多隐藏得比较好。但也有极少数人，有钱就不知道姓什么了，对贪污所得，不仅没有感到羞耻，还到处炫耀张狂，自我膨胀的结果就是自我毁灭。"

与纪委书记交流后我还了解到，现在用于举报的电子证据越来越多，手机拍照、录音、截屏、微信聊天记录、视频监控等，这些都大大拓展了证据的来源。有证据支持的举报，会得到纪委更多的关注和重视。

"收到一个落款为'内幕知情人'的匿名信，举报某个领导每逢周末都要到郊区一高档小区与老板聚会饮酒。"纪委书记讲到匿名举报也是获取问题线索的一个来源。

他说："这个领导平时看起来比较谨慎和低调，刚开始纪委的同志对举报的内容谁都不信，以为有人挟私报复。由于线索有可查性，按规定还是要核实一下。"

"周末的时候，纪委的同志早早守候在小区，不承想，这个领导的车果然驶了进去。纪委的同志又守候在他们聚会的房门外，几个小时以后，这个领导和几个人一身酒气吵吵嚷嚷地走了出来。"

"为了确保证据扎实可靠，下一个周末，纪委的同志又守候观察了一次，还是同样的人、同样的场景。"

"在接受谈话问询时，这个领导干部刚开始矢口否认，当看到照片和视频时知道瞒不住了，交代了他和几个老板每周定期聚餐喝酒会面的情况。他们过去是在一个酒楼聚会，管严了以后改在一个老板的私人场所，还专门聘请饭店厨师做饭。这个领导平时十分谨慎，从不接受非熟人的宴请，没想这次栽了跟头。"

纪委书记谈道："别看现在抓得那么严，但还是有领导干部自以为聪明，抱着侥幸心理，从公开转到地下，酒照喝，宴会照吃，与老板的圈子照旧发展。只是不管事情隐藏得再深再隐蔽，也会有内幕知情人，当出现利益纠纷、出现不满时，就会冒出来，提供可靠的线索。最安全的办法，还是老老实实、规规矩矩，平安才是福。"

　　与纪委书记交谈，我了解到，尽管提倡实名举报，但匿名举报提供的问题线索也不少，只要反映的问题符合一定条件，具有可查性，纪委同样会认真对待。许多违纪违法问题都是通过匿名举报查出来的。

我和纪委书记聊到一些人总喜欢拿美国的反腐败作为参照，他谈道："美国在防止官员腐败上确实有一套严密的监督制约体系，但是对于自身的制度腐败却无能为力。"

他介绍说："美国作为资本主义的典范，制度和法律的设计都是为资本服务的，为资本家集团服务的。无论是总统的选举，还是议员的选举，表面上是由选民选出的，实际上都是在资本的支持和运作下选举出来的。选举人得不到政治捐款，根本不可能入局。他们一旦当选，表面上是为选民负责，实际上要为背后的资本和资本家利益集团服务。"

"美国经费预算拨款的权力掌握在总统和国会手中。钱拨到哪个领域，哪个领域的资本家和利益集团就能发财，这样利益输送就可以通过合法途径达成。美国军费预算高居全球榜首，他们到处制造危机、挑起战争，然后名正言顺地给各大军工企业拨款，养肥了整个军工复合体利益集团。"

"按照美国的'旋转门'制度，美国的权力精英可以在政府、智库、企业之间流动任职，而智库和企业背后都是资本。这种制度实际上为官商勾结提供了方便之门。权力精英在政府当官可以为背后的资本谋利，退下来后又可以在智库和企业拿高薪，一切都顺理成章。"

"美国的游说制度，实际上就是一种拉关系、走后门的制度。服务于资本的各个游说集团，可以合法地游走于政府、议会以及各种机构。他们充当中间人和说客，或者安排同'关键人物'私下见面，或者安排媒体造势，或者安排政策研讨，或者张罗筹款活动，目的只有一个，就是把客户的意愿转化为立法和政策。"

"腐败的本质是以权谋私。在中国的制度体系中，以权谋私是不允许的。但是，在美国的制度体系中，存在用权力为资本谋取私利的特定通道，以权谋私可以披上合法的外衣。"

听了纪委书记的介绍，我对腐败的认识又深了一层。判断美国的腐败是否严重，不能只看官员个人违法情况，更要看到制度层面的腐败状况。在美国，资本可以通过操纵制度和法律堂而皇之地谋取私利。有钱能使鬼推磨，这句话对于美国的腐败来说，再恰当不过。

"腐败是世界性难题，是人类的公敌，每个国家都有自己要面对的腐败问题。"纪委书记对我谈到，要把中国的反腐败斗争放在世界的坐标系来考察。

他说："美英等西方发达国家一直标榜自己所谓权力制衡的民主制度是治理腐败的利器。观察这些国家，虽然经过长期治理，建立了权力制衡监督体系，但制度性政治性腐败问题并没有因此而杜绝，而是以更加掩人耳目的形式存在。政治献金、游说交易、'旋转门'制度，这些披着合法外衣的腐败依然在大行其道，政府采购、对外投资、司法审判等各个领域的腐败现象也不时有丑闻曝光。"

"那些照搬西方民主制度的发展中国家，大多数存在严重的腐败问题。这些国家经济发展落后，实行多党制不仅没有形成有效监督，反而是执政党利用上台的机会想着大捞一把。一些国家所谓的民主化转型，不仅导致经济陷入困境，腐败问题也更加严重。"

"中国共产党作为执政党拥有 9900 多万名党员，腐败治理的难度无论在世界上还是历史上都前所未有。近年来，我们坚持标本兼治、系统施治，强力推进正风肃纪反腐，坚定不移把全面从严治党向纵深推进。这一成功经验不仅具有中国意义，而且具有世界意义，为解决腐败这一世界性难题提供了中国经验。"

从纪委书记的谈话中，我深切感受到对反腐败斗争的信心和信念。过去，美国等西方发达国家总是把腐败问题作为攻击中国的靶子，今天的中国有足够的底气把腐败和反腐败放在世界的坐标系中来比较，这是对制度的自信，对历史性成就的自信，更是对光明前景的足够自信。

第八章

"贪"字头上真有一把看不见的"杀人刀"

"一个领导干部甘于被'围猎',是因为内心始终藏着欲望之火。"纪委书记给我介绍了一个领导干部如何坠入"围猎"的陷阱。

他说:"这个领导干部在忏悔录里讲,他从年轻时就有着发大财的梦想,上大学时和同学开公司,但没有成功;工作后又迷上了炒股,赔了上百万元,感到这条发财的路也不容易。"

"他在项目部门工作,人很聪明,专业能力很强,受到领导信任,承担的任务越来越多。这时候一些公司的老板们开始打他的主意,给他送钱送物,但都被拒绝了。他虽然想发财,但对违法的事还是心有所惧。"

"当他走上部门领导岗位后，随着与老板打交道增多，感情变得密切，开始有了信任，对请吃请喝不再拒绝，参加老板的活动越来越多。在交往中他发现，这些老板的聪明程度、能力素质都与他相差甚远，但老板们能赚大钱，出手阔绰，过着豪华的生活，这让他内心严重失衡。"

"心理学有一种理论叫作虚拟所有权效应，就是说当人见过和体验过想要的生活，就会想象着去拥有，这种欲望又会导致他想办法去占有。这可以说是'围猎'的心理学原理。"

"在欲望的驱动下，这个领导干部开始有了把权力变现成金钱的心思。他想到了一个比较'保险'的办法，把老婆安排在某老板的公司当高管，以拿高薪、奖金和干股的名义收受贿赂，他在暗中给老板的公司提供帮助。"

"他的想法和老板一拍即合，老板多年的'围猎'终于成功。他帮老板的公司揽到很多项目，他也从中捞了不少钱。"

"由于他老婆在公司拿钱和干股在别人眼里看着不正常，被人举报而事发。他的发财梦最后还是破灭了。"

纪委书记讲的案例有一定的代表性，一些领导干部被 "围猎"，实际上就是这样掉入陷阱的。人都会有欲望，可欲望一旦不受自律的控制、不受纪法的约束，最后的结果就是把自己葬送进去。

"不是所有的腐败分子都狡猾，有的也很傻。我遇到过一个腐败分子，她貌似精明能干，实则是愚蠢至极。"纪委书记感叹地对我说。

他谈道："有个单位的'一把手'是个女领导，性格强势，喜欢大权独揽。只要有大的项目，她都要成立一个领导小组，亲自担当组长，以加强组织领导为名，行掌控项目之实。"

"在一个楼房建设项目招标中，她收受了开发商上百万元的贿赂。开发商和她商量，要不要过段时间分几次拿现金给她。但这个女领导担心夜长梦多，中间出现变故，要求开发商把钱直接打到她的银行卡上。"

"她这个要求，连开发商都觉得不可思议，这也太明目张胆了，别人收钱都小心翼翼，她却大大方方，把证据留在银行卡上等着人来查，暴露是迟早的事。开发商虽然不情愿，但是担心得罪这个女领导，还是照做了。"

"由于女领导违反民主集中制原则，经常搞'一言堂'，个人说了算，又喜欢插手重大项目、重大采购，她的行事风格招致很多人不满，对她的举报信接连不断。纪委对她的调查取证比较容易，通过账目往来上发现的异常顺藤摸瓜，很快查实违纪违法事实。"

"女领导在交代问题时，回想当时情景，连她自己都觉得失去了理智，利令智昏，愚蠢到不可思议的程度。"

纪委书记介绍的这个女领导，显然是精明过头犯下了大糊涂。当一个人眼中只有利益的时候，思维和理智便会封闭在贪婪之中，很难保持清醒和定力。她的命运在贪念膨胀之时，就注定会受到纪法的严惩。

"没想到管会议的岗位竟然出现小官大贪。一个会议科负责人被留置，涉案金额上千万元。贪欲一旦开启，便是欲壑难填。"纪委书记讲到一个让他意外的案例。

他说："通常情况，越有实权的岗位产生腐败的风险越大，管工程、管人事、管财务、管物资、管采购，这些都是实权岗位，也是腐败多发易发的风险点。管会议，干的是苦活累活，给不了别人什么实惠，表面上没多少实权，没什么寻租的空间，想不到暗地里也藏着许多捞钱的门道。"

"这个会议科负责人，一年要牵头组织十多次培训、集训、研讨等大大小小的会议活动，他采取虚列参会人员和会议天数、虚报会议材料编写和印刷开支等方式违规套现，甚至还以虚假开会的名义套取经费，会虽没开但一整套手续和票据却伪造得十分完备。"

"他经手报销的行政消耗如打印机、计算机、投影仪等办公设备的维修费用畸高，动不动就要更换零部件，一个投影仪的灯一年要购买十多个，有的设备还在保修期也要报销维修费。打印机的墨盒、硒鼓、纸张等常用消耗品，明显高于实际需求。"

"为了得到同事配合，他以设立'小金库'发补助的名义骗取信任，时间久了谁也不知道他掌管的'小金库'有多少钱，他又从中贪污了多少钱，直到事发大家才大吃一惊。"

听了纪委书记讲的案例，我感到小官大贪的官虽然小，但以权谋私运作的空间并不小，不管官大官小，贪欲都是一样的，一旦燃起，不遏则燎。有权的地方就可能滋生贪欲，有贪欲的人就可能发生腐败，权力无论大小都应该置于严格的监督之下。

　　"腐败分子算计别人也会被别人算计。一个腐败分子为升迁竟然主动送给骗子一大笔钱，真是可笑！"纪委书记给我讲到腐败分子遇见"政治骗子"的一个案例。

　　纪委书记说："这个腐败分子在留置期间，纪委监委调查一笔受贿款的去向时，他说被骗走了。刚开始，调查人员以为他是故意隐瞒真相，经过进一步问讯，没想到竟然是真的。"

　　"据腐败分子交代，他和那个骗子是在一次饭局中认识的，当时骗子有意无意地说起和某高官是亲戚，来往密切，让他有了想要攀附的想法。有一次他去骗子的公司，看到骗子和高官的合影，还看到高官的书法条幅挂在墙上，开始对骗子的说法深信不疑。骗子告诉他，高官人很好，很重感情，如果需要牵线搭桥就开口。"

"腐败分子看到一个重要领导岗位出现空缺，认为上面有人说话自己才会有提升的机会，于是想通过骗子请高官帮忙。他拿着受贿得来的钱找到骗子，请求帮忙打点，骗子爽快地答应了他的请求。可他左等右等也等不来骗子的回复，直到那个岗位有了别人，他才感觉到自己上当受骗了。他再找那个骗子，怎么都联系不上，也不敢报警，只能吃哑巴亏。"

"实际上，腐败分子上当受骗并不算什么新鲜事，因为在腐败分子的观念里面，拉关系、找门子、进圈子，花钱办事，都是很正常很自然的事情。他们认为自己如此，别人也应该如此。骗子正是抓住了他们这种心理，才能一次次得逞。"

纪委书记讲的案例，我从新闻中时有耳闻。只要相信靠关系、靠背景这样的"潜规则"存在，就会出现"政治掮客"，同时伴生出"政治骗子"。随着反腐败斗争的深入推进，当人们信实干不信关系、信明规则不信"潜规则"的时候，"政治骗子"自然就会失去生存的空间。

"'贪'字头上真有一把看不见的'杀人刀'!"纪委书记告诉我,这句话是一个落马干部发出的感慨。

他谈道:"这个落马干部在忏悔录中说,'贪'和'贫'字,以'贝'为底,一笔之差,好似因钱而生的孪生兄弟。'贫'中有'刀',人如果因'贫'而'贪',那个'刀'便是'贪'字头上看不见的'杀人刀'。"

"这个干部对'贫'字有着深切的感悟。他出生在农村,家境贫寒,父亲在他童年时就去世了,母亲把他送给亲戚抚养。他从小寄人篱下,受人白眼,尝尽了贫困的滋味和人间的冷暖。他也是很聪明机灵的人,艰辛中练就了忍辱负重、察言观色的本事。他虽然只是职高毕业，但工作后聪明好学、勤奋努力、吃苦肯干，再加上善于攀附领导，一步步从最基层爬到重要领导岗位。"

"正是因为贫穷曾给他带来挥之不去的阴影，他的内心充满了对财富的渴望，有人送钱送礼，他都是来者不拒。他给人的印象也是够朋友、讲义气，收人钱财，替人办事。在高压严打之下，他虽然有所收敛，但并没有收手，只是做得更加隐蔽。他以亲戚的名义在郊区一个普通住宅区买了一套房子，专门用来藏匿堆放财物。"

"当审查调查人员进到屋内清点赃物时，眼前的景象还是有点出人意料。钱的数额巨大，堆满了整整一个衣柜。赃物的品类繁多，各种黄金制品，玉器古玩，名贵手表，名人字画，钻戒首饰，茅台酒，等等，不一而足。一些名贵药材已经发霉变味，他还舍不得扔。他交代，随着赃物越来越多，家里不敢放，拿出去处理又怕暴露，只能找一个地方藏起来。"

"腐败分子堆放在屋内的赃物，生动诠释了'贪'字的含义，上'今'下'贝'，专揽当下之财，见钱眼开，有钱就捞。但是等待他的，便是'贪'字头上那把看不见的'刀'。"

听了纪委书记的介绍，我不禁感慨，当腐败分子把钱作为一生的奋斗目标的时候，他所奋斗的一切必将化为泡影。

"大贪与小贪相比，对于权力和金钱带来的快感有着更加深度的体验。"纪委书记对我谈到他的一个观察。

他说："腐败分子贪到一定程度，也会像吸毒一样沉迷其中，欲罢不能，这也会给他们中一些人的生活方式带来明显变化。"

"首先是甘于'围猎'。有的腐败分子对别有用心者的'围猎'乐此不疲，收钱收礼来者不拒，一段时间收不到钱就心里痒痒，已经习惯于把官商结合、权力变现作为生财之道。我遇到过一个腐败分子，把收来的钱和礼物放在郊区一处住宅的地下室，他有空就过去整理，待在里面成了他最大的乐趣。自己明明是别人的猎物，在地下室却享受着做猎手的快乐。"

"其次是陷于圈子。越是大的腐败分子，对圈子看得越重。他们拉帮结派，搞团团伙伙，相互帮衬，明勾暗联，为的是获取更大的权力，谋取更大的利益。我们曾留置过一个领导干部，平时随身携带两部手机，一部用于正常工作联系，另一部专门与圈子里的人打交道，微信朋友圈里的关系非常复杂。据他交代，至少每周都会有一个聚会。"

"再次就是耽于美色。有的腐败分子有钱就变坏，贪财与好色成了绝配。他们一旦开始放任自我，便很快丧失道德底线，沉迷于会情人、找情妇的淫乱享乐之中。"

纪委书记的观察，反映了腐败分子的一个特点，"贪"与"欲"如同孪生兄弟，"贪"由"欲"起，"欲"促"贪"长，当腐败分子的贪欲膨胀，一旦失去控制，便会走向自我毁灭，其发展轨迹就是一条不归之路。

商人老板是如何"围猎"领导干部的？纪委书记给我讲过一个刑满释放老板的经历。

这个老板行贿过不少领导干部，他曾认为行贿是打通权力的最快捷径，也是一本万利的投资。

老板最愿意跟直来直去、明码标价的领导干部打交道，我给你钱、你给我办事，通过关系聚在一起吃几次饭、喝几次酒，钱给到位，事也搞定了。

但是老板感到，在高压反腐的态势下，领导干部们越来越谨慎，行贿的难度越来越大。

老板为了拉拢一名领导干部费了很多心思。

他先是以公司庆典的名义通过朋友邀请领导干部参加，让其感到这只是正常的交往。认识之后又多次以适当的理由请其一起聚餐，关系熟了以后，领导干部也放开了许多。一次节日聚餐，老板试探着送给领导干部一盒茶叶，其没有多想就收下了。茶叶是普通茶叶，但茶叶盒可不一般，是纯金的。从那以后，他们的关系就密切起来。

老板行贿另一个领导干部，送钱送物都被拒绝。但当他打探到这个领导干部 80 多岁的老母亲独居老家无人照顾，便花钱从当地的家政公司为老人聘请了一个最好的金牌保姆，把老人照顾得很周到。这个举动打动了领导干部，为老板办事开了绿灯。

老板还让下属陪同领导干部的亲属旅游，为其国外留学的子女安排食宿，想尽各种办法投其所好，以此拿到别人拿不到的项目、贷款和政策优惠，打通权力和资本勾结兑现的暗道。

老板因犯行贿罪被送进了监狱。他刑满释放

后很感慨：投资就有风险。随着反腐力度加大，制度不断完善，行贿的风险也越来越大，不再是一本万利的投资，很可能把自己连人都投进去，所以不能再走过去的老路。

听了纪委书记的介绍，我感到在行贿者的眼里，掌握权力的领导干部就是他们眼中的"猎物"，一旦找到合适的目标就会抛出诱饵，猎而食之。温情脉脉的诱惑背后，往往隐藏着"围猎"者的狰狞面目，稍不留神就会坠入无法自拔的陷阱。

第九章

人言不如自悔真

"腐败分子的贪欲不是与生俱来的，有一个逐步发展膨胀的过程。"纪委书记跟我谈起某腐败分子在忏悔录中的反思。

他说："这个领导干部是一个招标采购部门负责人，他把自己凭借权力受贿的过程归结为三个阶段：第一阶段是开始明白权力的价值，第二阶段是学会利用权力的价值，第三阶段是善于开发权力的价值。"

"他刚上任时是谨小慎微的。一次，某公司老板通过朋友找到他，说是坐一坐，只是想了解一下招标的相关规则，不会提出其他非分之请。他没有敢参加宴请，只是同意在办公室见上一面。老板来的时候，他仅仅向老板介绍了一点官网上可以公开的情况，又加了一些自己的理解。老板听后觉得受益很大，通过牵头的朋友给他送了一张购物卡。这让他第一次感受到负责招标采购的权力可以变现成钱。"

"随着业务越来越熟，能力不断增强，他慢慢学会了待价而沽。他利用自己的信息优势，对中标可能性大的公司，以服务之名加强联系和沟通，收受钱物来者不拒，有时事成之后还主动索贿。对资质弱、没有可能中标的公司，他一副公事公办的样子，送上门的钱物一概拒收，还要求人家按规矩办事。这时候，他搞清了手中权力的价码。"

"再后来，他谙熟了招标采购中的'潜规则'，和一些老板建立起利益共同体，学会串通一气，互相配合。他通过设置看似专业合理的技术指标和资格门槛，将一些公司挡在门槛之外，为特定公司创造条件；通过协调人组织围标串标，让参标公司有目的地抬高或降低价格，最后由特定公司中标。这时候，他可以利用手中的权力，通过有组织的谋划运作，完成利益输送。"

听了纪委书记的介绍，我感到这个领导干部负责招标采购，应该是业务能力很强也很聪明的人，但是他对权力的认知却发生了偏差，在贪欲中迷失了自我，不是把权力用来为人民服务，而是当成了个人的商品谋取私利，能力和聪明都用错了地方。

"一次廉政党课竟然把一个干部吓出了心脏病"。纪委书记跟我聊起他们单位当笑话流传的一件事。

他说："纪委每年都要按要求组织廉政党课，而那年审计部门正好对单位的账务和资产状况进行了一次全面审计，查出许多问题，有的问题比较严重，作为问题线索移交给了纪委。因为这是审计管理制度改革后，第一次由区域性独立审计部门进行的全面审计，所以大家都很关注这件事。审计问题移交，意味着一些人将受到纪委进一步的深入调查，有的人将受到党纪处理，甚至可能被留置。"

"所以，那次廉政党课的主题，就是抓住大

家关注的热点，围绕审计发现问题的防范和处理来安排的。当时请了审计部门和上级纪委各一位同志来讲课，当纪委的同志对一些违纪违法案件进行剖析时，讲着讲着台下一片骚动，原来是一名干部突然心脏病发作，被同事抬出会场。很快，那个干部被送到门诊部，他本来就有心脏病，经医生救治很快就缓了过来，没什么大碍。"

"后来，对审计移交问题进行调查，发现这名干部在账目上确实存在一些虚报冒领问题，虽然没有达到违法的程度，但也算是比较严重的违纪。大家都传他是因为害怕被吓出了心脏病。事情又被一些同志不断演绎，当故事和笑话在单位流传了好一阵。这也算是一种廉政党课教育效果的延伸吧。"

我听了纪委书记的介绍，深有感触，事情虽然不大，但也应验了"不做亏心事，不怕鬼敲门"这句老话。贪财贪来的是祸，安心坦然才是真正的福！

　　"本来我是有机会逃跑的，但思前想后，还是没跑。我贪的那些钱，顶多判个三五年，要是跑了，一辈子都得东躲西藏。"纪委书记告诉我，这是一个落马干部在忏悔书中的感言。

　　他说："这个干部在一个窝案中只算一个中间角色，但是他所处的岗位重要，职务不高却掌握着实权，一些重要项目中的办件、走账、票据都要经他签字，所以对他的查处也是整个案件突破的关键一环。"

　　"没想到刚刚调查有点眉目，就有人给他通风报信，希望他尽快逃走。他从纪委找人谈话的情况也察觉到迟早会查到他这块，心中忐忑不安，再加上有人又给他添了把火，刺激着他产生了想要一逃了之的冲动，甚至已经开始做相关的准备。"

"可他冷静下来一想，逃又能逃到哪里？搞个旅游签证出国，在国外不可能待得长久，在国内躲起来，身份证不敢用，哪也待不住。自己犯的那些事本来也就判个几年时间，如果逃走，其他人可以松口气了，保护了别人，自己却要罪加一等，老婆孩子都受连累。他权衡利弊后，选择了主动投案自首，争取多给自己减点刑。"

纪委书记讲的这个落马干部，关键时候终于把账算明白了。原来，那些贪腐利益共同体是如此脆弱，一旦事发，只会为自己考虑。如果他真要头脑一热，逃跑出走，在外面隐姓埋名、东躲西藏的生活肯定还不如在监狱好受，因为坐牢尽管失去了人身自由，但至少心是踏实的。

"我认识的一个女领导干部，在监狱里重新找回了本心，找回了事业。我对她既感到惋惜，又感到庆幸。"纪委书记对我谈起一个女领导干部在监狱里重获新生的案例。

他说："这个女领导干部，业务能力很强，是某领域的高级技术专家，取得过许多科研成果奖，家庭也十分美满。可是让人看不懂的是，专家的路本来走得好好的，她却热衷于权力，想走当官这条路。为此，她不惜送钱铺路，如愿当上了某科研单位'一把手'。不承想，提拔她的领导因贪腐被抓，交代出她行贿的事实，又牵出了其他贪腐问题，她的大好前程就这样被葬送了。"

"这个女干部刚进监狱的时候，心态很不稳定。她虽然做好了入狱的思想准备，可真到狱中的时候，巨大的心理落差还是让她接受不了。她白天虽然表现镇静，可一到晚上常常夜不能寐，有时夜深人静的时候，抑制不住哭出声来，甚至有一次号啕大哭，搞出了很大动静。那段时间，在狱警和狱医的帮助下，她只有每天服用安眠药才能入睡。"

"随着时间推移，她心情平复下来，慢慢接受了现实，开始反思自己的人生。当管教找她谈心的时候，她坦露心迹，讲起自己年轻时一门心思搞科研，也曾清高过，看不起那些为了当官不择手段的人，也看不起那些掉进钱眼儿的人，想不到后来活成了当年自己最讨厌的样子，对自己变成一个'官迷'既懊悔不已，又觉得可笑至极。她提出，能不能给她提供一些条件，让她在监狱里可以撰写论文，继续从事一些科研工作，让她有一个奋斗的目标，争取早日回归社会。"

"监狱方面、她的家人以及一些同事好友对她的想法给予了大力支持，帮助她购买和收集了相关书籍和资料，提供最新的研究信息。她在劳动改造之余，一有时间就投入到论文研究写作之中，几乎到了痴迷的程度。由于她既从事过科研工作，又搞过科研管理，懂宏观也懂微观，写的论文很有价值和针对性，帮助她原来所在单位解决了多个重大理论难题，对突破行业领域的瓶颈发挥了重要作用。等剥夺政治权利的期限一过，她又接连在重要刊物发表多篇有分量的论文。鉴于她对科研和社会作出的贡献，她在服刑期间获得了多次减刑。用她自己的话说，就是重新找回了人生的方向。"

听了纪委书记讲的案例，我也有很深的感触，人无论何时，无论走到哪里，都不能迷失自我。当一个人对权力充满渴望，它也许是人生奋斗的动力，也可能是迷失自我的毒药。权力对不同的人，有着不同的意义。只要摆脱个人利益的羁绊，把人生的方向定位于造福人民、造福社会，不管走哪条路，当官也好、搞科研也好，或者从事别的工作也好，都是光明正道，都是有意义的人生。

"谁公款喝酒，就是喝毒药；谁送钱送礼，就是送政治生命；谁卖官收钱，就是在出卖灵魂。"纪委书记给我看他在笔记本上记录的这段话，问我总结得怎么样？

我说："总结得很好，短短几句话，抓住了事情的实质，点出了问题的要害，一针见血，高度凝练，深刻精辟。该不是你总结的吧？"

他回答："你太高看我了，我怎么会有这水平？你肯定想不到，这是一个领导干部总结的，是他在一个大会上慷慨激昂地教育别人时讲的话。事发后才知道，他原来是一个不择手段贪污受贿的腐败分子，已经被判无期徒刑了。这句话有意思的是，他教育的是别人，实际上是在讲自己，一句话浓缩出这个领导干部'两面人'的人生。"

"这个领导干部是一个单位的'一把手'，在单位他公款喝酒喝得最多，送钱送礼送得最多，卖官收钱收得最多。他为了揽权，与班子另一领导争得很厉害，相争不下于是干脆划分了势力范围，一方负责油水最大的工程项目，一方负责油水不断的物资采购，把公权当作谋取私利的工具。他们都掌握对方的一定把柄，台面上看起来关系友好，私底下却相互威胁，最终一方事发，另一方被带出来，两人都锒铛入狱。他们的结局也早在这个腐败分子自己的精辟总结之中。"

我对纪委书记讲的案例也非常感慨，原来这个腐败分子总结的是他自己，怪不得体会如此之深，而且他总结的道理，最终还得到他自己以身破纪试法的亲身验证。

"如果当时有人断喝一声，拉我一把，也许我就不会被抓了。"纪委书记告诉我，这是一个腐败分子在忏悔录中讲的话。

他说："当腐败分子被抓后懊悔之时，有这样的想法非常正常，这是事后诸葛亮。可如果当时真有人断喝一声，他或许不但不会感谢人家，反而还会怀恨在心，抱怨人家发现了他的短处，断掉了他的财路，破坏了他的好事。"

"我们纪委年年都要搞警示教育，每次都把典型案例拿出来剖析；纪委每年都要处理不少人，每次都要通报下去；巡视视察要求整改的问题，大会小会都在讲。但是，警示教育永远都是对大多数人管用，对极少数人是不管用的。"

　　"那些被抓的腐败分子，哪个不是受党教育多年的干部？有的在台上讲得比谁都好，教育别人的道理比谁都多，连八岁孩子都知道拿别人东西不对，他们难道不知道？还需要断喝？断喝对他们是不管用的，因为他们的思想从根子上就坏了，他们的信念从根基上就塌了，只有抓起来才是对他们真的断喝。"

　　纪委书记说得很有道理，如果断喝对他们有用的话，这些年打的这么多"老虎"，每一个对他们都是断喝，早就该收手了。

> "一个腐败分子从监狱释放后感悟到：钱，不过就是纸；酒，不过就是水。繁华散尽皆是空。"纪委书记给我介绍了他和某腐败分子的一次聊天。

他说："这个腐败分子在监狱待了五年，出狱后一定要请我坐一坐、聊一聊，谈谈感受。他在留置期间，有一段时间，我天天找他谈话，谈着谈着关系就近了，询问有时成了聊天，很多证据就是这么边问边聊出来的。他把我当成了朋友，告诉我他一辈子都没和人如此深入地谈心交流。"

"这个人过去是一个单位的'一把手'，最风光的时候可以说是呼风唤雨，上面的领导常常与他称兄道弟，各企业老板常常把他奉为座上宾，他走到哪里都有人鞍前马后，常常美女相伴。喝酒交朋友、找门路拉关系是他的强项，单位的经费项目主要靠他拉过来，单位对外的项目主要由他说了算，在他眼里好像没有办不成的事儿。"

"但自从他被抓之后，一下子从天堂掉到了地狱。老婆原本对他在外招蜂引蝶很不满，感情已有隔阂，在他入狱后提出了离婚。女儿在国外留学，他入狱后只回国看过他一次，毕业后直接在国外找了一份工作，不再打算回国。最可怜的是他的父母，本来年事已高，身体不好，在他入狱后更是受到打击，先后离开了人世。"

"他出狱后成了孤家寡人，过去那些朋友见到他早就躲得远远的。好在他的身体还不错，在监狱坚持每天锻炼，过去的高血脂、脂肪肝等老毛病反而消失了。他大彻大悟后心态变得比较平和，看淡了一切。他告诉纪委书记，经历过荣华富贵，也经历了落魄不堪，人最后的命运都是要归入凡尘，所以他要回归人生的本真。"

　　我听了纪委书记的讲述，感到这个腐败分子的大彻大悟显得有些消极和颓废。人生有很多种活法，他有过年轻时奋斗上进的积极人生，有过当权时贪污腐化的堕落人生，现在想要重新开始过一种没有意义的苟且人生。这也许对他本人来说不是什么坏事，至少可以让他找到内心的平衡。但是对于社会来说，人生的意义在于奋斗和贡献，有积极意义的人生才能赋予生命的价值。

"心安就是幸福。奢华的生活已经成为过眼烟云，现在求的只是心安。"纪委书记告诉我，这是一个落马干部在忏悔录中对幸福的理解。

他介绍道："这个干部反思自己说，以前他吃吃喝喝，收点礼品、购物卡，虽然内心有点忐忑，但不当什么大事。一次，他半推半就收下五万元钱礼金，开始意识到自己越过了纪法的红线，从那以后，担心暴露的焦虑和恐惧就一直缠绕着他。"

"可有了第一次就有第二次，他抑制不住自己的贪婪和侥幸，在腐败的道路上越走越远。一方面他享受着金钱带来的快感，另一方面越来越担心哪件事会把他牵出来，常常为此夜里难以入睡，有时噩梦醒来就再也睡不着了。"

"当他得知纪委调查他经手的事情，开始惶惶不可终日，那段时间是他一生中最痛苦最煎熬的时候。他总是担心不知道什么时候就回不了家，白天开会在台上心神不宁，怕在会场被带走；在办公室听到外面脚步声也胆战心惊，怕是纪委的人找他；接受调查人员问询，怕把他留下来送去留置；回到家中，怕直接把他从家中带走，给孩子留下终生的阴影。"

"当他真的被留置了，更是夜夜失眠，躺在床上辗转反侧。他常常敲打着自己的脑袋懊悔不已。"

"直到审查结束，尘埃落定，他心情才慢慢平静下来。这时候纪委工作人员要求他撰写忏悔录，他首先想到的是'心安就是幸福'。"

对于纪委书记讲的案例，我同样深有感慨，这样简单得不能再简单的道理，这个腐败分子却要通过大起大落的人生经历才能真正有所感悟。道理他们不是不懂，只是被贪欲蒙蔽了心智。当他们醒悟过来的时候，一切都晚了。人生不能重来，但心安永远幸福。

图书在版编目（CIP）数据

和纪委书记聊聊天／默钧著 . -- 北京 ：中国方正
出版社，2025. 2. -- ISBN 978-7-5174-1438-4

Ⅰ. D262. 6

中国国家版本馆 CIP 数据核字第 20254UD267 号

和纪委书记聊聊天

HE JIWEI SHUJI LIAOLIAOTIAN

默　钧　著

责任编辑：王文君　杨　睿
责任校对：周志娟
责任印制：李惠君

出版发行：中国方正出版社

（北京市西城区广安门南街甲 2 号　邮编：100053）

编辑部：（010）59594619　出版部：（010）59594625

发行部：（010）66560936　门市部：（010）66562733

网址：www. lianzheng. com. cn

经　　销：新华书店

印　　刷：北京中科印刷有限公司

开　　本：787 毫米×1092 毫米　1/32

印　　张：9. 75

字　　数：118 千字

版　　次：2025 年 3 月第 1 版　2025 年 3 月北京第 1 次印刷

（版权所有　侵权必究）

ISBN 978-7-5174-1438-4　　　　　　　　定价：35. 00 元

（本书如有印装质量问题，请与本社发行部联系退换）